Immanuel Kant
1724-1804

판단력비판

06
Immanuel Kant
Kant für Anfänger - Kritik der Urteilskraft

쉽게 읽는 칸트 **판단력비판**

지은이/ 디터 타이헤르트
옮긴이/ 조상식
펴낸이/ 강동권
펴낸곳/ (주)이학사

1판 1쇄 발행/ 2003년 11월 20일
1판 3쇄 발행/ 2015년 1월 30일

등록/ 1996년 2월 2일 (등록번호 제03-0948호)
주소/ 서울시 종로구 안국동 17-1 우110-240
전화/ 02-720-4572 · 팩스/ 02-720-4573
이메일/ ehaksa@korea.com

한국어판 ⓒ (주)이학사, 2003. Printed in Seoul, Korea.
ISBN 89-87350-65-7 03160

Dieter Teichert, Immanuel Kant: Kritik der Urteilskraft
Copyright ⓒ 1992 by Ferdinand Schoeningh, Paderborn
All rights reserved.

Korean Translation Copyright ⓒ 2003 by Ehak Publishing Co., Ltd.
All rights reserved.
Korean edition is published by arrangement with
Verlag Ferdinand Schoeningh GmbH through MOMO Agency, Seoul.

이 책의 한국어판 저작권은 모모 에이전시를 통해
Verlag Ferdinand Schoeningh GmbH와 독점 계약한
(주)이학사가 가지고 있습니다.
저작권법에 의해 한국 내에서 보호를 받는 저작물이므로
무단 전재와 무단 복제를 금합니다.

• 책값은 뒤표지에 표시되어 있습니다.

쉽게 읽는 칸트 **판단력비판**

06
Immanuel Kant
Kant für Anfänger - Kritik der Urteilskraft

| 지은이 디터 타이헤르트 | 옮긴이 조상식 |

이학사

| 일러두기 |

1. 본문에 나오는 외국 인명이나 지명은 현행 외래어 표기법을 따르는 것을 원칙으로 하였다.
2. 지은이가 강조하는 부분은 본문 내용과 칸트 원전의 인용문을 포함하여 모두 고딕 서체로 표기하였다.
3. 칸트 원전의 인용문에서 칸트가 자간을 넓혀 강조한 것은 진한 서체로, 절 제목은 고딕 이탤릭 서체로 표기하였다.
4. 주석은 모두 지은이의 것이다. 인용문의 출전은 인용문 뒤의 ( )안에 도서명, 판본, 쪽수로 표기하였다. 단 『판단력비판』을 인용할 경우에는 판본과 쪽수(예: A 32)만 표기하거나 절 다음에 판본과 쪽수를 표기(예: §42, A 163~171)하였다.
5. 인용문의 ( )는 인용문 저자(칸트)가 한 것이고, 본문의 ( )와 인용문의 〔 〕는 지은이의 부연 설명, 본문의 〔 〕과 인용문의 〔* 〕는 옮긴이의 부연 설명이다.

1789년 슈노르V. H. Schnorr가 그린 그림을 바우제I. F. Bause가 동판으로 뜬 칸트 초상

| 들어가는 말 |

 칸트는 가장 중요한 철학자들 가운데 한 사람으로 꼽힌다. 이는 지극히 정당한 평가이다. 그의 사상의 철학사적 귀결은, 계몽주의라는 시기를 넘어 역사적 획을 긋는 이정표가 되고 있다. 올바르게 이해한다면, 그의 업적은 계몽주의가 이념사의 일회적인 사건이 아니라 영구적인 과제임을 증명해주었다. 훈련받지 않은 독자들이 칸트의 위대한 저작들을 이해하기는 무척 어렵다. 당연히 칸트의 『판단력비판』을 이해하고자 하는 사람들도 결코 쉽지 않은 과제에 부닥치게 된다.

 이 책은 이러한 경우를 위해 안내서의 역할을 한다. 이 책은 칸트의 사유의 맥락을 이해하고 최소한 그의 저작의 구성에 따른 윤곽을 잡을 수 있게 하는 데 목적이 있다. 대략적으로 개념을 분석하거나 몇몇 원전을 따로 떼어서 인용하는 것이 매력적으로 보일 수도 있다. 하지만 칸트의 경우 그렇게 하면 상당한 문제가 초래된다. 그의 저작들은 단편적으로 들여다보면 본질적일 수 없을 정도로, 잠언 형식으로 쓰여져 있지 않다. 오히려 그의 저작들은 성격상 차례대로 읽도록 체계화되어 있다. 따라서 천천히 끈기 있게 읽어나가는 것이 상책이다. 띄엄띄엄 읽는 것은 매우 위험하다.

여기에 쓰인 칸트의 『판단력비판』에 대한 안내는 엄격한 의미에서 보면 주석이나 이론적 해석이 아니다. 고전적인 의미에서의 주석은 텍스트에 나타난 어휘, 개념 그리고 명제들을 설명한다. 그래서 그것은 일반적으로 주석을 달고자 하는 텍스트 전체를 모두 훑으면서, 독자들이 이해하기 쉽지 않은 부분에서 멈춘다. 이 안내서는 그처럼 텍스트를 엄밀하게 해설하지는 않는다. 오히려 이 책은 칸트의 생각의 전체 맥락을 이해시키는 데에 주안점을 두고 있다. 그렇다고 이것이 칸트의 『판단력비판』에 대한 체계적인 재구성을 시도한다는 의미는 아니다. 이 안내서의 의도는 상당히 소박하다. 즉 혼자서 칸트의 책을 읽는 독자들에게 칸트의 텍스트를 어떻게 이해할 것인지에 대해 몇 가지 제안이나 참조할 사항을 주고자 한다.

이 책은 내가 콘스탄츠Konstanz 대학교에서 1991년 여름 학기와 1991/1992년 겨울 학기에 두 번에 걸쳐 진행한 강좌에 참여한 수강생들과 나눈 진지한 질문과 토론의 산물이다. 이 책을 쓰는 데 교정을 비롯하여 내용상으로 많은 보완과 충고를 해준 고

트프리트 가브리엘, 베른트 그래프라트, 페터 맥클로린 그리고 안네-마르그레트 루삼 씨에게 감사드린다.

         1992년 5월 콘스탄츠에서
          디터 타이헤르트

| 차례 |

07 들어가는 말

제1부 서론

15 생애
19 저작
22 『판단력비판』

제2부 『판단력비판』 해설

29 1장 미적 판단력
29 1. 미의 분석
32 성질의 관점에서 본 취미판단의 분석(§§
38 분량의 관점에서 본 취미판단의 분석(§§
52 관계의 관점에서 본 취미판단의 분석(§§
77 양상의 관점에서 본 취미판단의 분석(§§
85 미의 분석에 대한 일반적인 주석
88 2. 숭고의 분석
94 수학적 숭고(§§ 25~27)
99 역동적 숭고(§§ 28~29)
107 반성적인 미적 판단에 대한 일반적인 주

110	3. 순수 미적 판단의 연역(§§ 30~42)
135	4. 예술이론(§§ 43~54)
155	5. 미적 판단력의 변증법과 취미의 이율배반(§§ 55~60)

162	**2장 목적론적 판단력비판**
163	1. 목적론적 판단력의 분석(§§ 62~68)
171	2. 목적론적 판단력의 변증법(§§ 69~78)
176	3. 방법론(§§ 79~91)

| 186 | 참고 문헌 |
| 197 | 옮기고 나서 |

| 서론 |

| 생애 |

　임마누엘 칸트의 생애는 비교적 평탄했다. 특별히 얘기할 만한 어떤 긴박한 사건도 일어나지 않았다. 이러한 생애의 중심에는 책상, 책 그리고 연구에의 열정만이 있었다. 그리고 그 언저리에, 응접실에서 손님들과 사교하는 칸트가 떠오른다. 아마도 손님들과 나누는 담소는 이 철학 교수에게 규칙적인 산책 이외의 유일한 한가로움이었으리라.

　임마누엘 칸트는 1724년 쾨니히스베르크Königsberg에서 수공업자의 아들로 태어났다. 당시 쾨니히스베르크는 인구가 약 4만 명이었으며 프로이센 제국의 수도였다. 가난한 환경에서 자란 칸트는 집안과 절친한 어느 신학자의 후원 덕택에 김나지움과 대학 교육을 받을 수 있었다.

　1740년 칸트는 쾨니히스베르크 대학에 입학하였다. 처음에는 신학부에 등록했지만, 그의 관심은 곧 수학과 자연과학으로 옮겨갔다. 특히 그는 스스로 언제나 과학적인 학문 연구의 원형으로 칭송했던 뉴턴의 물리학에 관심을 가졌다. 1746년 아버지가 죽자 칸트는 대학을 떠나 가정교사로 생활을 꾸려나갔다. 이 시기에 집에서 96킬로미터 떨어진 아른스도르프Arnsdorf로 떠났던 여행이 그의 생애에서 가장 긴 여행이었다. 1755년 칸트는 박사학위를 취득하고, 그때부터 대학의 사私강사로 강의를 시작했다. 그의 관심은 자연과학적 문제와 합리주의 철학(라이프니츠Leibniz, 볼프Ch. Wolff)을 검토하는 것이었다.

칸트의 강의는 인기가 높았으며 성공적이었다. 칸트가 계속 강사직을 유지할 수 있었던 것도 그러한 성공 덕분이었다. 그는 보수를 받지 못했으며 단지 대학생들이 지불한 수업료로 생계를 꾸려나갔다.

칸트의 위대한 대작들을 읽어본 사람이라면, 칸트 수업을 듣는 청강생들이 칸트의 생기 있고 유머 넘치는 강의 스타일, 해박한 지식, 개념적인 주제에 대해 적절한 사례를 들어 설명하는 탁월한 능력에 환호했다는 사실에 대해 아마도 의아해 할 것이다.

1770년 드디어 칸트는 쾨니히스베르크대학의 정교수로 임명되었다. 그로 인한 업무 부담은 결코 작지 않았다. 칸트가 맡았던 전공 분야의 폭은 놀라울 만큼 넓었다. 애초에 자신의 교수직 담당 과목이었던 논리학과 형이상학 이외에도, 그는 인간학, 교육학, 신학, 도덕철학, 자연법, 자연지리학 등에 대한 강의도 했다. 심지어 건축술과 폭약술에 관한 강의도 했다고 한다.

교수 생활을 하면서 칸트는 교수 임용 강연으로 발표했던 『감각 및 오성 세계의 형식과 원리에 관하여 De mundi sensibilis atque intelligibilis forma et principiis』를 다시 고쳐 쓰려는 계획을 세웠다. 하지만 그는 점차 형이상학과 인식 이론의 근본적인 문제에 빠져들면서 이후 11년간 이것을 출간하지 않았다.

1781년 오랫동안 써왔던 『순수이성비판』이 출간되었다. 처음에 이 책은 그리 성공을 거두지 못했다. 이 책의 내용상의 급진성, 난해한 문장과 낯선 개념으로 구성된 자신만의 언어 등은 독자들로부터 섣불리 공감을 얻지 못했다. 하지만 칸트의 명성은 점차 알려지고, 이 책은 조금씩 인정을 받게 되었다.

1780년대는 칸트의 작품 활동이 가장 왕성했던 시기였다. 『순수이성비판』에서 형이상학과 인식 이론에 관한 문제를 논한 후에, 두 번째 대작인 『실천이성비판』(1788)에서는 실천철학의 근본 문제를 다루었다. 세 번째 대작인 『판단력비판』은 1790년에 출간되었다.

칸트의 이 세 걸작은 내용적으로 계속 다듬어지면서 보완, 확장되었다. 이 시기에 자연과학 이론과 형이상학에 대한 저서 이외에도 실천철학에 관한 저서와 특히 역사철학에 관한 짧은 논문들도 나왔다.

칸트는 1790년대에도 몇몇 글들을 발표했지만, 점차 노쇠함이 확연해졌다. 결국 1796년에 칸트는 대학 강의를 중단하였다. 그리고 8년 뒤인 1804년 2월 12일에 생을 마감했다.

제1부 서론

| 저작 |

 칸트의 전체 저작은 너무도 광범위하고 까다롭기 때문에, 여기에서는 다만 첫 비판서 두 권을 짤막하게 해설하는 것으로 그칠까 한다.
 먼저 칸트의 저작에서 자주 보이는 비판이라는 단어를 살펴보겠다. 주지하듯이, 칸트의 세 주요 대작은 공통적으로 "비판批判 Kritik"이라는 단어가 붙어 있다. 즉 『순수이성비판』, 『실천이성비판』, 『판단력비판』이 그것이다. 이 저작들은 한결같이 인간의 개별 인식능력과 그 수행 능력을 주의 깊게 검토하는 것을 주제로 하고 있다.
 개략적으로 말해서, 『순수이성비판』에서 칸트는 인간 인식의 근본원리를 정식화하고, 정당화된 지식과 사변적 기능 사이의 한계를 설정하려고 했다[요컨대 칸트에게 "비판"이라는 단어는 검토하고자 하는 개념을 규정한다define는 의미이다].

이 연구에서 칸트는 이미 존재하는 이론에 의지하지 않았다. 그 반대로, 당시의 주도적인 철학이었던 합리론과 경험론의 실패를 부각시켰다. 그 내용을 극도로 단순화하여 말하자면, 이 두 철학 흐름은 다음과 같은 특징이 있다는 것이다. 먼저 합리론은 지성을 인식의 원천으로 간주했다. 이와 반대로 경험론은 인식의 기원을 경험에 두었다. 경험론적 관점에서 볼 때, 오성悟性개념은 경험에 기초하여 획득되는 것을 추상화한 것에 불과했다.

『순수이성비판』에서 칸트는 이 두 철학의 일면성을 분명히 함으로써 두 대립을 극복하려 했다. 그는 인식을, 인식하는 주체의 행위로 파악했다. 이러한 주체의 활동은 감성과 오성의 협동으로 특징지어지는 인식 과정을 규정한다.

칸트는 자신의 인식 이론을 통해, 정당화된 지식의 영역과 단순히 사변적인 영역 사이의 한계를 긋고자 했다. 이러한 한계 긋기는, 주의 깊은 분석을 통해 가능한 경험의 조건을 다루면서 행해졌다. 따라서 『순수이성비판』은 인간 사유의 기초에 대한 개요인 셈이다. 그러면서 본질적인 측면에서 본다면, 칸트의 논의는 지식의 경험 의존적인 구성 요소와, 경험으로부터 독립된 구성 요소 사이의 구분에 의해 규정되고 있다. 이러한 구분과 관련지었을 때, 칸트의 철학은 또한 "선험철학"으로 특징지어진다. 거기서 주안점은 인식의 가능성의 조건을 정식화하는 것이다.

『순수이성비판』이 주로 인식 이론의 문제에 초점을 두면서 특히 자연과학의 지식 형성을 다루었던 반면에, 자신의 두 번째 저작인 『실천이성비판』에서 칸트는 실천철학의 문제에 매달렸다. 『실천이성비판』은 객관적 인식의 조건을 논하는 것이 아니라, 선善das Gute의 개념을 탐구하는 것이다. 칸트는 윤리적으로 정당화된 행동은 언제나 일반화 가능한 규칙이나 준칙에 구속되어 있다고 역설했다. 이 책에서 중심이 되는 부분은 바로 칸트의 실천철학의 기본명제를 정식화해주는 **정언명령**定言命令Kategorische Imperativ이다.

> 너는 너의 의지의 준칙이 언제나 동시에 보편적 입법의 원리로서 타당할 수 있도록 그렇게 행위해야 한다.(『실천이성비판』 §7, A 54)

|『판단력비판』|

칸트의 『판단력비판』은 "미적 판단력비판"과 "목적론적 판단력비판"이라는 두 부분으로 구성되어 있는데, 오늘날에는 주로 앞부분만 읽힌다. 우리의 관심을 끄는 것은, 칸트가 미와 예술, 취미와 미적 경험의 의미에 대해 어떻게 말하고 있는가이다. 그러나 이에 반해 합목적성과 자연 연구 분야에서의 목적론적 판단력에 대한 칸트의 생각은 상대적으로 덜 다루어진다. 이 해설서도 주로 예술이론과 철학적 미학이론에 의미가 있는 앞부분에 집중할 것이다. 이 때문에 『판단력비판』의 두 번째 부분은 단지 대략적으로만 다루어질 것이다.

아래에서는 칸트의 이 저작을 처음으로 접하는 독자들을 위해 글의 서술상 기술적인 측면을 밝히려 한다.

1. 칸트는 오늘날 더 이상 사용되지 않는 특정한 표현, 관용어

구, 문법 형식을 활용하여 글을 썼다. 예컨대 그는 "인식Erkenntnis" 이라는 명사를 오늘날 우리가 사용하는 개념과는 다른 성性으로 사용한다. 즉 그는 이 단어를 중성인 "das Erkenntnis"로 쓰고 있다.

따라서 이해하기 힘든 곳에서는 문법적인 변경을 통해, 오늘날 우리의 어법으로는 도저히 추론할 수 없는 단어의 의미를 이해하는 것이 유익할 것이다.

개별 어휘들의 의미 변경에 대한 좋은 예는 바로 명사 "Witz"이다. 칸트는 이 책에서 이 단어를 당시의 어법을 좇아 독일어 "ingenium"으로 이해하고 있다. "ingenium"은 다양한 사물들에서 유사성을 발견할 줄 아는 능력을 의미한다. 이러한 오래된 의미는 오늘날에도 여전히 "gewitz"라는 형용사에 남아 있긴 하지만, 이 단어에는 칸트가 사용한 명사 "Witz"의 의미는 더 이상 남아 있지 않다.

2. 오늘날 판매되고 있는 많은 『판단력비판』 판본들에는 원작에 대한 다양한 주석들이 들어 있다.[1]

먼저 숫자를 통해 원작에서의 출처를 밝히는 것이 중요하다.

이러한 방식의 인용 출처는 이 해설서에서는 "미의 분석론"에 처음으로 나오는데, 거기서 2절[§2]의 첫 문장이 인용되고 있다.

---

[1] 이 해설서는 널리 읽히는 바이쉐델W. Weischedel 판(Immanuel Kant, *Kritik der Urteilskraft*, Frankfurt/M., 1974)을 기초로 했음을 밝힌다.

관심은 만족이라고 불리는데, 우리는 그것을was[1] 어떤 대상의 존재에 대한 표상과 관련짓는다.

같은 면 아래쪽에 다음과 같은 표시가 나온다.

1 C: "das"

대문자 "A, B, C"는 칸트가 출간했던 『판단력비판』의 개정판을 가리킨다. 이를테면 "A"는 1790년 판이고 "B"는 2판인 1793년, 그리고 "C"는 1799년 판을 가리킨다.

위의 인용문 예시는, 칸트가 첫 1, 2판을 수정하고 3판에서 "was" 대신에 "das"라고 고쳤음을 밝히고 있다. 그것으로 그는 우리의 어감에 더욱 가깝게 고친 셈이다.

이와 같이 일반적으로 해설서는, 원작이 이해하기가 너무 어려운 경우 일종의 지침서로 추천된다.

3. 칸트의 생전에 출간된 『판단력비판』의 3판은 페이지 표시가 상당히 많이 지워져 있다. 그래서 대부분의 판본들은, 수직선을 표시함으로써 밝히고 있다. 이때 선 표시는 이전 판에서의 페이지를 지시하는 것이다. 그것은 이미 『판단력비판』의 첫 페이지에 나타난다. 1절[§1]의 소제목 위 "제1편Erster Abschnitt"에는 그러한 두 개의 표시가 보이는데, 하나는 점선이고 다른 하나는 직선이다. 그에 대한 설명은 해당 페이지의 아래에서 찾을 수 있다.

: B 3, 4 | A 3, 4

이미 설명했듯이, 앞의 대문자는 해당하는 판을 가리킨다. 그리고 숫자는 각 판의 페이지이다. 즉 이 경우에, 왼쪽에 점선 표시가 되어 있는 것은 2판의 3페이지와 4페이지를 가리킨다.

위에서 설명한 경우에 있어서 이러한 언급은 불필요할 수도 있다. 두 판에서의 페이지가 서로 다르지 않기 때문이다.

하지만 15절(§15)의 경우는 전혀 다르다. 즉 2판은 44페이지에서 이 단락의 소제목이 시작한다고 해설서는 밝힌다. 반면에 1판은 15절이 43페이지에서 이전 텍스트와 연결되고 있다.

1판과 2판의 페이지에 대한 언급은, 단지 저명한 칸트 연구자들의 고루한 아집이 아니라 실질적인 이유에서 비롯된 것이라고 보아야 한다. 즉 우리가 칸트의 저작으로부터 어떤 글귀를 인용할 때, 그냥 1판이나 2판의 페이지를 밝히면 된다. 그렇게 함으로써 우리는 오늘날 수많은 칸트의 판본에 구애받지 않아도 되는 것이다. 이를테면 내가 칸트의 책 중 어느 것을 샀는지, 그리고 그것이 어느 책에서 인용되었는지에 상관없이 누구나 그 출처를 쉽게 확인할 수 있는 것이다.

이것으로 칸트의 책에 대한 기술적인 설명은 충분할 것이다.

2

| 『판단력비판』 해설 |

| 1장 미적 판단력비판 |

1. 미의 분석

"미적 판단력비판"의 제1장에는 "미의 분석"이라는 제목이 붙어 있다. 이 제목이 뜻하는 바는 무엇일까?

여기서 칸트는 스스로 명쾌한 과제를 설정해놓고 있다. 즉 어떤 대상이 아름답다는 진술은 무엇을 말하는 것인지를 해명하는 것이다. 그러한 진술은 판단Urteil이라고 일컬어지며 "x는 P"라는 형식을 띤다. 어떤 대상이든 하나의 술어를 가지는데, 진술된 공식에서 변수인 "x"는 특정 대상을 호칭하는 자리〔주어 부분〕에 있으며 그에 대응하는 각각의 술어가 "P"로 축약되어 있다.

우리는 매일 무수히 많은 술어 표현을 사용하는데, 그것으로 대상들을 특징지으며 이 세계에 질서를 부여한다. 결국 이 세계는 우리의 언어적 명료화를 통해 비로소 구조화된다고 해도 과언이 아니다. 따라서 우리는 언제나 우리의 감각 지각과 언어적 구분을 수단으로 해서만 사물들을 파악하며, 이러한 사실을 고려하지 않고서 세계의 어떤 대상들에 대해 언급하는 것은 상상조차 할 수 없다.

우리가 **미적 태도**를 지니면(즉 이 세계를 실천적인 관점에서 바라보려 하지 않고, 또한 개별 대상을 인식하려 하지 않는다면), 이에 상응하는 다른 단어들을 상당히 많이 사용할 수 있다. 이를테면 비체계적이고 불완전하지만, 다음과 같은 다양한 표현이 있을 수 있다. "강렬한", "성공적인", "아름다운", "흥미로운", "기발한", "인상적인", "심오한", "웅장한", "압도하는", "매혹적인", "진부한", "실패한", "재미없는", "추한", "지루한", "평균적인", "단조로운", "뻔한", "저급한", "밋밋한" 등.

요컨대 미의 분석은 우리가 미적 태도로 사용하는 온갖 수준의 술어적 진술을 다루지는 않으며, 단지 하나의 술어, 즉 "아름답다"라는 술어만을 다룬다.

어떤 대상에 이러한 술어를 부여하는 판단을 칸트는 **취미판단**趣味判斷Geschmacksurteil이라고 부른다. 왜냐하면 그것은 우리로 하여금 사물을 미美(혹은 추醜)의 관점에서 판단하도록 하기 때문이다. 칸트는 취미판단 개념에 대한 각주에서 다음과 같이 정의하고 있다. "취미란 〔……〕 미를 판단하는 능력이다."(A 4) 여기서 취미 능력은 생리학적 의미도 아니요 심리학적 의미로 분석될 만한 성질의 것도 아니다. 칸트의 분석은 인간이 취미〔혹은 취향〕를 갖고 있다는 사실에서 출발하며, 우리가 "x는 아름답다"라고 말할 때, 도대체 무엇을 말하고자 하는지를 묻고 있다. **여기서 유의해야 할 사실은, 칸트가 미적 대상을 직접 말하지 않고 미적 대상에 대한 우리의 진술을 말하고 있다는 점이다.** 다시 말하면 칸트는 어떤 대상이 정말 아름다우며 또 어떤 것을 아름다운 것으로 간주할 수 있는지에 대해 우리에게 설명하려는 것이 아니라, 어떤 것을 아름답다고 부르는 것 자체가 무엇을 말하는 것인지에 대한 근본적인 문제를 다루고 있다. 분석은 네 부분으로 나누어져 있다. 즉 취미판단 개념은 다음과 같은 네 가지 범주에서 다루어지고 있다.

- 성질 Qualität
- 분량 Quantität
- 관계 Relation
- 양상 Modalität

이것으로 보아 『순수이성비판』에서 사용되었던 하위 범주들이 그대로 사용되고 있음을 알 수 있다. 이 하위 범주는 『순수이성비판』에서 공식화된 판단 이론의 일부 내용을 포함하고 있다〔『순수이성비판』의 오성개념에 대한 범주론, §6을 참조〕.

성질의 관점에서 본 취미판단의 분석(§§1~5)

처음 5절[§5]까지는 취미판단의 성질이 규정되고 있다. 칸트는 어떻게 우리들이 취미판단을 다른 판단 형식과 의미 있게 분간할 수 있는지 고찰하는 것으로부터 논의를 시작한다.

취미판단의 첫 번째 특성은 단락 제목에 다음과 같이 요약되어 있다. "취미판단은 미적이다."(A 4) 우리의 일상용어에서 출발할 때, 이 제목에 특별히 유의할 필요가 있다. 흔히 "미적이다Ästhetisch"라는 표현은 "아름답다schon"와 동일한 의미로 사용된다. 취미판단(즉 "x는 아름답다")이 미적이다라는 주장은 언뜻 느끼기에는 우리에게 더 이상의 풍부한 정보를 주지는 않는다. 하지만 오해를 피하기 위해 잠시 우리의 일상적인 언어 표현으로부터 거리를 두고 칸트의 정확한 설명을 따라가보도록 하자.

미적 판단에 대한 대안으로 아마 논리적 판단이 있을 수 있겠다. 논리적 판단에는 대상의 객관적 속성에 대한 주장이 들어 있다. 칸트는 그러한 경우를 두고 인식판단Erkenntnisurteilen이라고 부르기도 한다.

예컨대 내가 "그 그림은 너비가 40cm이고 폭이 27cm이다"라고 말한다면, 이대로 사실적인 주장을 하는 셈이다. 통상적으로 우리는 자로 재어 검사해봄으로써 그 주장이 옳은지 그른지를 판단할 수 있다.

반면에 똑같은 상황에서 내가 "그것은 정말 아름다운 그림이다"라고 말할 때는, 대상의 개별적인 속성에 대한 주장이 들어 있지 않다. 또한 이 진술이 타당한지 그렇지 않은지에 대해, 논리적 판단과 동일한 방식으로 결정하는 것은 불가능하다.

여기서 우리는 칸트의 용어로 말하자면 **취미판단의 규정 근거는 주관적이다**라는 사실을 확인할 수 있다. 어떤 대상이 아름답다라고 말할 때, 우리는 언제나 대상의 표상이 우리에게 무엇을 의미하며 우리가 그 대상을 바라볼 때 어떻게 느끼는지 등에 대해 말하는 것이다. 바로 이것이 사실판단과 구별되는 결정적인 점인데, 취미판단은 판단이 진술하는 것〔대상〕 자체의 사태에 대해서는 아무런 관심이 없다. 취미판단의 경우에는 관찰 대상에 대한 판단 주체의 주관적 상태Befindlichkeit가 작동한다. 누군가가 고통스런 표정이나 기어 들어가는 목소리로 "그 그림은 아름답다"라고 말한다면, 그 안에는 뭔가 거짓이 들어 있다. 보통 우리는 긍정적인 취미판단은 대상에 대한 긍정적인 태도와 관계가 있다고 생각한다. 뭔가 아름다운 것을 찾는 것은 그 대상에서 **만족Wohlgefallen**를 느낀다는 뜻이다. 하지만 만족은 대상의 속성이라기보다 주체의 상태이다.

정상적인 경우라면 긍정적인 취미판단은 이러한 만족의 증후들을 동반한다. 판단과 함께 수반되는 목소리, 표정, 몸짓은 우리에게 아름다운 대상으로 인해 판단 주체가 실제로 쾌적함을 느끼고 있음을 알려준다. 사실적인 판단의 경우에는 이러한 측면이 전혀 의미가 없다. 말하자면 여기서 빈센트가 대상과 관련된 정보라는 면에서 그림의 길이를 재면서 얼마나 기분 좋은 표정을 짓고 있는지는 우리의 관심사가 아니다. 우리는 그림의 크기에 대한 그의 주장을 그의 기분 상태와 결부시키지는 않는다는 말이다. 또한 우리는 그의 주관적인 상태와 상관없이 그의 주장이 옳은지 그른지 판단할 수 있다.

이제 미적 판단에서 만족이 어떻게 정확히 규정될 수 있는가라는 질문이 자연스럽게 제기된다. 이러한 맥락에서 칸트는 간혹 "쾌 혹은 불쾌의 감정Gefühl der Lust oder Unlust"이라는 표현을 쓴다. 이쯤에서 칸트의 용어와 우리의 일상용어 사이의 차이를 다시금 이해할 필요가 있다. 우리는 칸트가 "쾌"라는 단어의 특별한 의미를 오늘날 심리학이나 정신분석에서 표현하고 있는 것과는 다르게 쓰고 있다는 점을 명심해야 한다. 오늘날 심리학이나 정신분석에서 사용되는 쾌 개념은 흔히 에로틱이나 성적인 쾌감으로 이해된다. 그러나 칸트에게 이 단어는 철학적인 전통을 좇으면서 아주 일반적인 의미로 쓰이고 있으며 "만족Wohlgefallen" 혹은 "만족한 상태Wohlbefinden"와 동의어로 이해될 수 있다.

어떤 아름다운 대상에 대해 만족한다는 것은 다음과 같은 두 가지 유형의 만족과는 구별된다.

먼저 칸트는 **아름다운 대상에 대한 쾌와 쾌적한**angenehme **대상**에서 느끼는 쾌[이 유형의 쾌를 흔히 "감각 쾌"라고 부르기도 한다] 사이의 차이가 어디에 있는지 고찰한다. 여기서 정리되고 있는 차이는 칸트의 미 개념에서 중대한 의미가 있기 때문에 앞으로의 해설에서 자주 인용될 것이다.

쾌적함이란 사물 지각에서 감각이 관계하는 것이다.(A 7)

칸트에게 쾌적함이라는 개념은 결정적으로 주체의 감정에 관계되는 것으로 특징지어진다. 그래서 우리에게 감각적으로 향유할 만한 것을 제공하는 대상을 쾌적하다고 간주하는 것이다. 이렇게 쾌적한 것에 대한 전형적인 예가 바로 특정한 음료수, 음식, 향수 냄새, 촉감 등이다.

우리가 특정한 사물을 향유한다는 것은, 그것을 다소 강하게 갈구함을 의미한다. 말하자면 우리는 쾌적한 사물이 우리에게 만족을 주기 때문에 그것에 **관심**Interesse을 가진다. 칸트에게 관심의 순간이 무엇인지에 대해서는 나중에 다시 다루기로 하겠다.

칸트는 쾌적함에 대한 만족과는 다른 두 번째 유형의 쾌로 관심과 관련된 것을 들고 있는데, 그것은 바로 우리의 **선에 대한 만족** Wohlgefallen am Guten이다.

일단 선에 대한 관심과 쾌적함에 대한 관심 사이의 차이는 분명해 보인다. 우리가 경험하기에도 쾌락을 추구하는 인간들은 대체로 쾌적함에는 유달리 관심을 보이는 반면, 선에 대해서는 그다지 관심을 갖지 않는 것이 분명한 것 같다. 하지만 이 사실은 칸트가 주목하고자 하는 바가 아니다.

칸트는 특정한 태도나 행동 방식이 윤리적인 의미에서 선하다는 것을 힌번쯤 인식했던 사람이라면 누구나 선을 실현하는 데에 관심을 가진다고 말한다. "선은 의지Wille의 대상(즉 이성에 의해 규정된 욕구 능력)이다."(A 14f) 이성적으로 무언가를 주장하는 사람이라면 누구나 특정한 행동 방식이 선하긴 하지만 자신은 다르게 행동할 수도 있기 때문에 그것에 대해 무관심하다고 말해서는 안 된다. 만약 그렇게 말한다면 언어도단일 뿐이다. 왜냐하면 이성을 구비하고 있는 존재로서 우리는 다른 방해가 있더라도 선 이념이 우리의 행위로 실현되기를 원하며 그 이념의 실현에 기꺼워하기 때문이다.

지금까지 우리는 쾌의 세 가지 유형에 대해 알아보았다.

> 쾌적함, 미美, 선善은 쾌와 불쾌의 감정에 대한 상이한 표상 관계를 표현하는데, 그러한 관계에서 우리는 대상들과 표상 유형들을 서로서로 구분한다.(A 14f)

쾌적함에 대한 쾌〔감각 쾌〕와 선에 대한 쾌의 형식은 그 밖의 다른 모든 차이에도 불구하고 대상과 그 표상에 대한 관심과 관계된다는 점에서 공통적이다. 이러한 점과 대비시켜 칸트는 미에 대한 쾌만이 자유롭다고 말한다.

> 〔……〕 왜냐하면 감각의 관심〔*감각 쾌〕이나 이성의 관심〔*선善〕, 그 어떤 것도 찬사를 강요하지 **못하기** 때문이다.(A 15)

이 문장에서 우리는 칸트의 단어 선택에 주목해야만 한다. 즉 그는 (쾌적한 사물에 대한) 감각의 관심[즉 감각 쾌]은 우리로 하여금 어떤 대상에 찬사를 바치거나 그것을 열망하도록 "강요"한다고 말한다. 또한 칸트는 쾌적한 대상에 대한 감각의 관심과 선에 대한 이성의 관심 사이에 있을 수 있는 차이점도 염두에 두고 있다. 하지만 선에 대한 쾌도 자유롭지만은 않다. 우리가 이성적인 방식으로 어떤 특정한 행동 방식이 선하다는 것을 깨달았을 때에는 더 이상 어떠한 여지가 없다. 그러한 이해는 불가피하게, 그리고 필연적으로 우리가 실제로 그것을 행동하고 싶게 한다. 다시 말해 우리는 그러한 이해를 이성적인 존재의 본질이라고 간주하며, 또한 그것이 쾌적함과 안락이라는 견지에서 우리에게 부담스럽게 보이더라도 그것을 필연적으로 주어진 것으로 여긴다.

구체적인 개별 사례에서 이성적 존재로서의 인간과 성적 욕망의 주체로서의 인간 사이의 긴장 관계가 어떻게 해소될 것인가는 아직 해결되지 않은 문제이다. 물론 칸트도 이러한 실제적인 문제 상황에 문외한은 아니었다. 그는 이성이 빈번히 패배를 맛본다는 것도 잘 알고 있었다. 하지만 그는 이성적 존재로서의 [즉 정언명령에 따라 선한 행위를 하는 주체로서의] 인간에 대한 요청이 절대적으로 유효하다고 확신하고 있었던 것이다.

따라서 선과 쾌적함에 대한 만족, 이 두 경우에 우리는 자유롭지 않다[즉 전자가 선의지에 구속되어 있나면 후자는 생불학적인 본능에 구속되어 있다]. 반면에 미의 경우에는 전혀 다르다. 칸트의 공식에 따르면 미에 대한 만족은 "자유롭고" "무관심하다".

> 경향성의 대상[감각을 일으키는 쾌적함]이나 이성 법칙에 의해 우리의 욕구에 부과되는 것[선] 그 어느 것도 우리가 임의로 어떤 것을 쾌의 대상으로 삼을 수 있는 자유를 우리에게 허락하지는 않는다. 〔……〕 모든 관심은 욕구를 전제로 하거나, 그렇지 않으면 그것을 불러일으키는 것이다. 그리고 관심이 찬사를 규정하는 근거가 되면 관심은 대상에 대한 판단으로부터 더 이상 자유로울 수 없다.(A 15)

쾌적함과 미, 그리고 선에 대한 만족의 대비를 통해 칸트는 성질의 취미판단에 대한 다음과 같은 규정을 내린다. 그것은 짧지만 압축적으로 정리되고 있다.

> **취미**란 어떤 대상 혹은 표현 방식을 **모든 관심을 떠나** 만족 및 불만족을 통해 판단하는 능력이다. 그러한 만족의 대상을 가리켜 아름답다라고 말한다.(A 17)

분량의 관점에서 본 취미판단의 분석(§§6~9)

다시금 칸트는 미의 분석에 관해 자세히 설명하기 전에 다음과 같은 소제목을 쓰고 있다. 여기에는 곧 설명하게 될 모든 규정들이 포함되어 있다.

아름다운 것은 개념 없이 보편적인 만족의 대상으로 표상하는 것이다.(A 17)

첫 줄에서 칸트는 "보편적인 만족"으로서의 미에 대한 욕구를 규정할 수 있는 것이 무엇인지에 대해 논하고 있다. 여기서 결정적인 것은 바로 "만족의 기초로서 어떠한 사적私的 조건"이 나타날 수 없으며 "모든 사람들이 유사한 만족"을 갖고 있다고 추측할 수 있는 상황이다.(A 17)

만족에 대한 사적 조건은 예컨대 음식에 대한 취향과 관련된다. 말하자면 어떤 것이 나에게 쾌적하고 취향에 맞는지를 나 스스로만 평가하는 경우이다.

임마누엘이 어떤 특정한 백포도주를 기꺼이 마신다고 하는 진술은 엠마누엘라도 당연히 그 포도주를 기꺼이 마실 것이라거나 마셔야 한다는 것을 암시하지는 않는다. 임마누엘은 자기 자신에 대해서만 말하고 있으며 그 진술을 통해 자신의 사적 영역에 머물러 있을 뿐이다. 이렇게 사적 조건에 기초하고 있다는 진술을 두고 논란의 소지가 있을 수도 있다. 그러나 분명한 점은 임마누엘이 그 포도주를 즐겨 마시고 엠마누엘라는 그것(그 포도주)을 싫어할 때, 일반적으로 그 사실이 어떠한 논증상의 문제가 되지는 않는다는 것이다. 그러한 진술이 규정하는 근거는 주관적인 영역에 속한다.

물론 음식에 대한 취향에 있어서도 심각한 논쟁이 있을 수 있다.

즉 어떤 포도주가 드라이 리즐링Riesling(달콤하지 않고 건조한 맛을 내는 백포도주)에 비해 질이 떨어진다고 주장할 때가 그러하다. 그러한 진술은 어떤 주관적인 입장을 표명하는 것이 아니라 어떤 대상에 대한 주장을 펴는 것이다. 예시된 진술 문장에 따르면, 먼저 술을 '드라이(건조한 맛)'와 '리즐링'으로 분류할 수 있는지 혹은 없는지 확인해야 한다. 예컨대 우리는 술이 빨간색을 띤다면 그것이 '리즐링'과는 아무 관련이 없으며 '그것은 드라이 리즐링이다'라는 주장이 틀렸음을 확신할 수 있다.

이제 위의 두 경우를 **취미판단**의 경우와 비교해본다면, 취미판단은 하나의 **혼합형**으로 간주될 수 있다. 한편으로 취미판단은 단순한 주관적 타당성 이상을 말한다. 칸트가 쾌적할 뿐만 아니라 아름답다고 주장하는 바는, 우리 자신이 다른 사람들도 우리의 가치판단과 일치할 것이라고 기대하는 것과 같다. 하지만 우리는 그러한 기대를 확인하기 위해서 다른 사람들도 우리에게 동의하도록 논증적으로 강요할 수는 없다. 즉 우리는 타인에게 객관적인 실상을 제시함으로써 어떤 긍정적인 취미판단을 호소할 수는 없다는 말이다. 왜냐하면 칸트가 이미 지적했듯이, 취미판단이란 대상의 속성과 직접 관련된 판단이 결코 아니기 때문이다.

> (……) 마치 미가 대상의 속성이며 그에 대한 판단이 (……) 논리적인 것인 양 여긴다. 하지만 미적이라 함은 단지 대상의 표상과 주체의 관계를 말한다. (……)(A 18)

그것이 사실판단의 보편성과 같은 것이 아니라면, 미에 대한 만족의 보편성이란 도대체 어떤 종류의 것인가? 여기서 칸트는 다시 미적 쾌적함을 제한[즉 글자 그대로 규정]하려 하면서 다음과 같이 주장한다. 우리는 쾌적한 대상과 관련해서는 "누구나 각자의 의견을 고집할 수가 없으며 아무도 다른 사람에게 자기의 취미판단에 동의해줄 것을 요구하지 않지만, 미에 관한 취미판단에 있어서는 언제나 그러한 요구가 일어난다."(A 22) 이 내용과 관련하여 칸트는 쾌적함을 순전히 사적인 입장으로서 판단하는 "**감각 취미**Sinnen-Geschmack"와 아름다운 것을 판단하는 "**반성 취미**Reflexions-Geschmack"를 개념적으로 구분한다.

취미판단이 다른 사람들의 찬성을 요구한다는 주장은 좀더 설명이 필요한 것으로 보인다. 실제로 우리는 미적 대상을 판단할 때 그 판단이 다른 사람들과 반드시 일치하지는 않는다는 것을 경험한다. 특정한 예술 장르를 아주 선호하는 사람들이라면, 경우에 따라 동료들이 이해할 수 없는 반응을 보이는 경우를 자주 직면할 수 있다. 그렇다면 판단의 주체가 다른 사람들의 찬성을 기대한다는 것은 어느 정도 가능한가?

기이한 예술 유형을 선호하는 사람은 경우에 따라서 타인들의 아주 험악한 반응을 자주 경험했던 나머지, 실제로 자신의 취미판단에 대해 타인들의 동의를 기대하는 것을 일찌감치 포기하는 경우가 적지 않다.

아래의 인용은 칸트가 이 문제를 이미 직시하고 있었음을 보여준다. 아래에서 아주 상세하게 인용하는 이유는, 이 글이 『판단력비판』의 복잡한 문장 구성의 대표적인 예이기 때문이다.

> 하지만 기이한 점은, 감각 취미에서의 (어떤 것에 대한 쾌 혹은 불쾌의) 판단은 보편타당하지 않다는 것이 경험을 통해 증명될 뿐 아니라 누구나 타인에게 그에 대한 동의를 구하는 것을 자제하는 데 반해, 반성 취미에서의 (아름다운 것에 대한) 판단은 그것의 보편타당성에 대한 요구가 자주 배제된다는 것을 경험하게 됨에도 불구하고 반성 취미는 그에 대한 일치를 요구할 수 있는 판단들을 표상하는 것이 가능하다고 생각한다(반성 취미는 실제로 그렇게 간주되고 있기도 하다)는 점이요, 또한 반성 취미는 사실상 그 취미판단의 하나하나에 대해 이러한 일치를 모든 사람들에게 요구하고 있으나, 판단의 주체들은 그러한 요구가 가능한지에 대해 논쟁하는 일이 없고, 단지 몇몇 특별한 경우에만 이 [*반성 취미] 능력의 올바른 사용을 두고 의견이 일치하지 않을 수 있다고 하는 점이다.(A 22f)

결국 칸트는 타인에 대한 찬성의 요구가 어떤 식으로든 시도된다는 것을 주장하고 있다. 실제로 판단의 주체가 [타인으로부터] 거부감만을 경험했다면 그러한 시도는 타당할 수도 있다. 하지만 그러한 경우에 칸트는 실제와는 동떨어지게 단지 사변적으로만 추측한 데 불과한 것으로 보인다. 이 경우에 그는 타인들이 오로지 대상에 대한 **미적 태도**만을 가지고 이것을 선입견 없이 적절한 방식으로 지각할 때만을 염두에 두고서, 사실상 그렇지 않은데도 타인들이 자신에게 찬성하거나 혹은 장차 찬성할 것이라고 가정한다. 따라서 취미판단의 양적인 계기[2]는 한편으론 다음과 같은 경우, 즉 보편적인 찬성이 요구되고 그 진술이 단지 개별 주체에게만 타당하지 않은, 곧 감각 취미가 아닌 경우를 통해 규정된다.

다른 한편으로 취미판단은 일차적으로 개별 대상과 관련지음으로써 규정된다. 이것은 다음과 같은 이유에서이다. 즉 판단이란 대상들의 범주들에 대한 개념적 파악에 기초하는 것이 아니라 미적 판단의 주체에 의해 어떤 식으로든 그 대상이 파악된다는 사실에 기초하고 있기 때문이다.

이에 대해 칸트는 어떤 사람이 장미를 바라보고 "이 장미는 아름답다"라고 진술하는 경우를 예로 들고 있다. 이러한 진술을 통해 그는 자신이 바라보고 있는 개별 대상에 대한 만족을 스스로 알리고 있는 것이다.

이 사람은 이처럼 마음에 드는 장미를 보는 경험을 자주 할 수 있다. 그러면서 이제 그는 자신의 긍정적인 미적 입장을 반복하고 싶은 욕구를 갖게 된다. 그러한 일련의 긍정적인 취미판단을

---

[2] 앞으로는 내가 취미판단에 대해 말하면서 특별한 설명을 붙이지 않는 한 그것은 반성 취미("x는 아름답다")를 가리키는 것임에 주목하라. 반면에 쾌적한 대상에 대한 판단과 관련짓는다면, 칸트의 표현대로 '감각 취미'를 지시하는 것이다.

반복하면서 결국 그는 "장미는 아름답다!"라고 요약하게 된다.

하지만 어떤 방식으로든 간에 그의 진술 방식은 변할 수 있다. 즉 그것은 더 이상 순수한 미적인 판단이 아니라 대상의 종류나 속성에 대한 일종의 논리적 판단일 수 있다.

여기서 앞으로 더 상세히 다루어질 중요한 문제를 끄집어낼 수 있다. 칸트의 글을 인용해보도록 하자.

> 대상을 오로지 개념으로만 판단한다면 미에 대한 모든 표상을 잃어버릴 수 있다. 따라서 어떤 것을 아름다운 것으로 인정하는, 반드시 필요한 어떠한 규칙이란 있을 수 없다. 따라서 옷, 집, 꽃이 아름다운지를 판단하는 데 있어서 어떠한 근거나 공식으로 **현혹시키면서 설득해서는 안 된다**.(A 25)

여기서는 우리로 하여금 어떤 취미판단에 찬성하도록 권하거나 강제하는 논증이 있을 수 없다는 점이 분명히 강조되고 있다. 예를 들어 우리가 처음엔 추하게 보인 대상을 나중에 어떤 논증을 통해 아름다운 것 같다고 동의하게 되는 경우를 생각할 수 있을까? 이에 대해 칸트는, 그러한 생각의 변화는 확실히 어떤 순수한 개념적 논증으로는 도저히 일어날 수 없다고 말한다. 요컨대 대상의 미에 대한 판단에서는 개념들이 결정적인 역할을 하는 것이 아니다. 물론 건축술의 규칙을 언급하면서, 그 집이 포스트모더니즘적 사무용 건물의 대표적인 예라고 인정하기도 한다.

그러나 그 건물이 별로 아름답지 않은 경우라면, 그러한 규칙 때문에 우리가 그 건물이 아름답다고 말하지는 않는다.

그러나 이렇게 개념적 진술에 한계가 있다고 해서, 어떤 개념적 설명을 통해 우리가 그 대상을 새롭게 보게 되는 경우도 있음을 부정하지는 않는다. 이러한 방식으로 우리의 미적인 판단이 변하는 경우는 얼마든지 있을 수 있다.

어떤 대상을 아름답다고 판단하는 것은 쾌적함과 관련이 있다. 칸트는 이미 **취미판단의 무관심성** 논의에서 미에 대한 **쾌**의 순간을 언급했다. 이제 그는 이 주제를 다시 언급하면서 다음과 같은 질문한다. 이러한 취미판단과 쾌의 결합을 어떻게 정확히 이해할 수 있을까? 9절[§9]은 다음과 같은 질문에 대한 대답이다.

취미판단에서 쾌의 감정이 대상판단에 선행하는가, 아니면 대상에 대한 판단이 쾌의 감정에 선행하는가?(A 27)

또한 여기에 감각판단의 경우("X는 나에게 쾌적감을 준다")를 대비시켜보는 것도 의미 있다. 쾌적감을 판단하는 것은 바로 쾌적한 느낌이 **단지** 판단의 규정 근거가 되는 경우를 말한다.

이러한 맥락에서 칸트는 이 절의 처음 부분을 좇아, 미적 판단에서의 쾌는 단지 쾌적함과 관련 있는 쾌의 경우[즉 감각 쾌]처럼 대상판단에 선행하지는 않는다고 주장한다.

주어진 대상에 대한 쾌가 선행하고, 그 쾌가 일반적으로 전달 가능하다는 것이 대상의 표상에 대한 취미판단에서 인정된다고 한다면, 그러한 경우는 그 자체로 모순일지 모른다. 왜냐하면 그러한 쾌는 다름 아니라 감각 느낌에서의 단순한 쾌적감일 뿐이기 때문이다. 〔……〕(A 27)

그렇다면 왜 칸트는 쾌가 쾌적함에 대한 판단과 다르게 일어난다는 것을 이미 알고 있으면서도 쾌감과 취미판단 사이의 관계에 대한 질문을 하는 것일까? 또한 무엇 때문에 여기서 다루어진 문제를 해결하는 것이 바로 "취미 규정의 열쇠"라고 주장하기에 이르렀을까?

아마도 대상판단과 취미판단을 서로 구분하고 있는 칸트의 진술이 바로 결정적인 점일 것이다. 칸트가 절의 제목으로 진술하고 있는 질문을 보면, 취미판단에서 취미판단 일반과 대상판단이 본질적으로 구분된다. 이러한 측면에서 칸트가 대상판단에 대한 진술을 통해 취미판단의 일반적인 실행을 설명하고자 하지 않았다는 사실에 주목하는 것이 중요하다. 왜냐하면 분명히 지금까지 칸트는 대상에 대한 무관심한 만족이 긍정적인 취미판단의 중요한 요소임을 보이려고 했기 때문이다. 따라서 우리가 취미판단을 미적 경험을 요약, 설명해주는 것으로 이해하는 한, 쾌감이 취미판단에 선행한다는 것은 분명하다. 말하자면 예컨대 우리가 어떤 정서적인 몰입 없이 어떤 음악을 들을 때, "브람스의 B단조 협주곡 안단테가 아름답다"라는 취미판단이 먼저 일어나고, 그런 다음 곧장 긍정적인 판단에 비추어 갑작스레 만족을 느끼는 것은 아니다.

우리에게 (1) 취미판단과 (2) 대상판단 사이의 구분은 문제를 해결하는 데 있어서 결정적인 것으로 보인다.[3] 그러나 그럼에도 불구하고 여전히 문제는 남아 있다. 즉 우리가 (취미판단의 전제이면서 요소인) 대상판단이 정확히 무엇을 의미하는지 어떻게 이해할 수 있는가?

이것을 해결할 수 있는 방안은 다음과 같이 문제를 설정하는 것이다. 즉 감각 느낌을 "x는 아름답다"라는 긍정적인 판단의 진술에 근거하는 것이다. 감각 느낌은 주체가 그 느낌을 대상에 대한 개인적인 판단으로만 평가하지 않는다는 점에서 쾌적감과는 구분된다[감각 쾌와 달리 감각 느낌은 모든 사람들에게 공통적인 생물학적 기초이다]. 이와 달리 미에 대한 쾌의 감정은 그 감정이 전달 가능할 뿐 아니라 타인들에 의해서도 체험될 수 있다는 사실을 아는 것과 관련이 있다. 따라서 이 경우에 감각 느낌 자체가 판단하는 지위에 있을지도 모른다. 말하자면 쾌의 감정과 이러한 쾌적감을 의식적으로 아는 것은 서로 밀접하게 연관되어 있다. 쾌적감은 수동적인 쾌인데, 그것은 우리

---

3) 이에 대해서는 다음의 책을 참조하라. C. Fricke, *Kants Theorie des reinen Geschmacksurteils*, Berlin/New York, 1990.

가 특정한 사물에 대해 우리의 감각기관을 의식적으로 개입시키지 않고도 일어나는 것이다. 하지만 아름다운 대상의 경우 만족은 인식능력의 활성화와 관련을 맺고 있다. 이렇게 쾌적한 것을 향유하는 데 있어서의 인지적 수동성과, 미를 판단하는 데 있어서의 인지적 능동성 사이의 대립이 바로 칸트에게는 결정적인 의미가 있다.

당연히 취미판단에서 인지적 능동성의 방식이 무엇인지를 분명히 할 필요가 있다. 왜냐하면 인식판단과 혼동되어서는 안 되기 때문이다. 지금까지 말한 것으로부터 다음과 같은 사실이 분명해졌다. 즉 칸트는 취미판단을 대상의 객관적 속성에 대한 인식판단과 구분하려 했으며, 결국 취미판단에서의 인식능력은 객관적 인식판단에서와는 전혀 다른 방식으로 활동하고 있다. 인식판단에서 나는 당연히 나의 판단을 타인들에게 전달할 수 있다는 점을 강조하고 있을 뿐만 아니라, 이를 넘어 모든 사람들도 나에게 동의를 요구한다는 사실을 주장한다.

예컨대 내가 어떤 대상을 사과나무로 확인하고 "이것은 사과나무이다"라고 표명한 경우에 나는 이 진술 자체로도 타인의 동의를 요구한다고 주장하는 셈이다.

나는 사과나무를 무척 좋아하며 사과 또한 즐겨 먹는다. 나는 사과나무에 오르는 것을 좋아하며 정원에 있는 오래된 사과나무를 보는 것을 특히 좋아한다. 하지만 나는 이러한 나의 선호, 습관 그리고 태도와 같은 것이 대상의 객관적인 사실을 확인하는 진술처럼 하나의 의미만을 지닌다고 생각하지는 않는다. 오히려 그 반대로 나에게 누군가가 자기는 사과를 별로 좋아하지 않으며 사과나무에 오르는 것도 좋아하지 않는다고 말한다면, 나는 이를 담담히 받아들인다. 하지만 내가 어떤 방문객에게 정원의 사과나무를 보여주었는데, 그가 그것은 사과나무가 아니라 빨래걸이라고 우긴다면 나는 아주 놀랄 것이다. 말하자면 진술이나 사실적인 주장에 대해 우리는 (엄격한) 보편타당성을 주장하는 반면, 식성에 대한 기호나 아름다운 대상에 대한 판단의 경우에는 그 같은 타당성 주장을 하지는 않는다.

이제 처음에 제기했던 문제로 돌아오자. 긍정적인 취미판단에 대해 반드시 필요한 전제인 쾌의 감정이란 어떤 것인가?

칸트는 쾌의 감정은 결코 감각 느낌이나 대상의 개념에 기초하고 있지 않다고 말한다. 오히려 **자유로운 유희**freies Spiel라고 특징지어지는 상태에 인식능력이 놓여 있다는 사실이 결정적이다. 여기서 칸트가 사용하고 있는 인식능력은 **상상력**Einbildungskraft과 **오성**Verstand이다. 상상력은 감각적 직관의 다형성多形性das Mannigfaltige을 종합한다. 오성은 상상력에 의해 선先구조화된 직관 자료를 개별 범주 아래에 포섭시키면서 다룬다.

인식판단에서는 인지적 능동성이 이미 어떤 목표를 향하고 있다면, 취미판단에서 인식능력은 단지 능동적인 상태에 머물러 있다. 이러한 능동성은 대상을 특정한 오성개념 아래에 송속시키면서 그 활동을 그치는 것이 아니다. 그 대신에 상상력과 오성은 조화롭게 상호 작용하는 상태에 있다. 일반적으로 이러한 상태는 전달 가능하며 어떤 식으로든 인식판단의 전前 단계를 표현하기 때문에 인식판단처럼 주체들의 개별적인 속성으로부터 독립되어 있는 듯이 보인다.

> 취미판단에 있어서 표현 방식의 주관적인 보편적 전달 가능성은 일정한 개념을 전제하지 않고서도 성립되어야 하는 것이므로, 그것은 곧 상상력과 오성과의 (**인식 일반**의 성립에 필요한 것과 같이 이 둘이 서로 일치하는 한에 있어서) 자유로운 유희에서 나타나는 심적 상태 이외의 것일 수가 없다. 〔……〕(A 29)

이렇게 미적 태도에서 인식능력을 능동적이라고 규정한 후, 칸트는 이제 이 절의 초두에 이미 언급했던 판단에 대해 더 상세하게 규정하려고 시도한다.

> 대상이나 대상을 주어지게끔 하는 대상 표상의 이러한 주관적(미적)인 판단은 대상에 대한 쾌감에 선행하며, 또 두 인식능력의 조화에 대한 쾌의 근거이다. 〔……〕(A 29)

미에 대한 쾌는 대상의 특정한 속성에 대한 쾌가 아니라, 우리 자신의 인식능력에 대한 쾌라는 말이다.

그렇다면 상상력과 오성이 특정한 상태에 있다는 것을 우리는 어떻게 알 수 있을까? 이에 칸트는 아주 분명히 말한다. 즉 우리는 **상상력과 오성의 유희적 조화**를 느낀다는 것이다. 우리는 이러한 관계를 개념적으로 고려함으로써 인식하는 것이 아니라, 상상력과 오성의 유희를 통해 우리의 심의력心意力Gemütskräfte을 자극하고 생동감 있게 함으로써 느낀다.

분량이라는 견지에서, 취미판단의 분석은 다음과 같은 짧은 문장으로 요약된다.

미란 개념을 떠나 보편적으로 만족을 주는 것이다.(A 32)

우리는 이 문장을 문맥에서 따로 떼어내서는 안 된다. 그렇게 하면 그 의미를 오해할 수 있다. 바로 앞의 논의를 하고 난 후 칸트는 취미판단이 개념을 통해 규정되지 않는다는 것을 지적했다. 하지만 (개념을 이해하는 능력으로서의) 오성은 취미판단에서 능동적이다. 따라서 "개념을 떠나"라는 표현은, 취미판단에서 개념적 규정이 일정한 역할을 한다는 것으로 이해되어야 한다. 그렇지만 개념적 규정은 취미판단의 전체를 결정하지는 않는다. 취미판단은 대상을 파악함에 있어서 어떠한 종착지에 도달하지는 않는다〔능동적인 활동이지만 어떤 것으로 규정될 수는 없다는 의미이다〕.

관계의 관점에서 본 취미판단의 분석(§§10~17)

 미에 대한 분석의 세 번째 부분은 확실히 책 전체에서 가장 이해하기 어렵다. 많은 해설들에도 불구하고 『판단력비판』의 전체 맥락에 비추어 보아야만 그 내용을 완전히 이해하는 것이 비로소 가능해진다. 이 부분에서 칸트는 자신의 개념들을 구분, 해명하기 위해 처음으로 아주 많은 예시들을 들고 있다. 또한 그는 『판단력비판』에서 처음으로 "미의 이상"이라는 개념 아래 예술 이론 분야에 적합하다고 할 수 있는 주제를 다룬다. 미의 분석의 세 번째 부분의 제목은 취미판단에서 고려되는 목적들 사이에 놓여 있는 관계를 탐구하고 있다. 지금까지는 목적 혹은 합목적성에 대해서 전혀 언급된 바가 없다. **목적이나 합목적성 개념**이 취미판단에서 어떤 방식으로 역할을 하는지 이해하기 위해 두 개념의 의미가 먼저 설명되어야 한다.

 목적Zweck 개념은 주로 개인의 행동 가능성에 대해 말하는 경우에 일정한 역할을 한다. 이때의 개념은 주로 [개별] 인간들이 목적을 설정하고 다양한 수단으로 그 실현을 추구한다는 생각이다.

 예컨대 뒤퐁 씨는 부자가 되려고 계획한다(=목적 설정). 그는 출판시장에 베스트셀러를 내놓으면 돈을 많이 벌 수 있다고 생각한다. 그래서 그는 소설(=목적 실현을 위한 수단)을 쓰기 시작한다.

 칸트의 용어로 말하자면 "결과에 대한 생각"(책 판매에 따라

기대되는 판매 이익)은 "그 원인의 규정 근거"에 선행한다.(A 34) 이 진술은 아주 간명한데, 그 이유는 실제로 뒤퐁 씨의 각 행동 단계를 규정하는 것은 바로 행위의 결과를 예측하는 생각이었기 때문이다.

실제 산출된 순이익이 출판의 동기가 아니라, 예상했던 이익이 "원인"에 앞선다는 말이다.

반면에 간명한 목적의 가정하에 있는 어떤 대상이나 행동이 그 목적 실현에 기여하는지를 판단하는 것은 **합목적적 판단** Zweckmäßigkeitsurteil이다.

이러한 사전 설명에 따라, 비로소 우리는 칸트가 목적과 합목적성 두 개념을 설명하고 있는 다음의 문맥을 이해할 수 있다.

> 목적이 무엇인지 그 선험적 규정에 입각하여(쾌의 감정과 같은 경험적인 어떤 것에 의거하지 않고서) 설명하고자 한다면, 목적이란 어떤 개념이 대상의 원인(그 가능성의 실질적인 근거)으로 간주되는 한에 있어서 그 개념의 대상이다. 그리고 어떤 **개념**이 그 **객체**에 관하여 가지는 인과성이 합목적성(목적태forma finalis)이다.(A 32)

이를 좀더 설명하자면, 목적은 개념에 의해 생각되는 대상인데, 거기서 개념은 대상의 가능성의 원인 혹은 실질적인 근거로서 작동한다. 칸트는 그 대상에 비추어보았을 때, 여기서 대비되고 있는 개념의 인과성을 합목적성이라고 부른다. 이러한 목적 개념에 대한 고찰이 취미판단과 미 개념이라는 주제와 어떤 관련이 있는 것일까? 지금까지는 거의 무관해 보인다.

이제까지 논의된 미의 분석이라는 주제와 목적 개념의 해명 사이의 연관성을 보여주는 신호는 바로 쾌와 불쾌에 대한 칸트의 언급이다.

> 주관을 동일한 상태로 **유지하려는** 의식의 속성, 즉 주관의 상태와 관련한 표상의 인과성의 의식이 바로 우리가 일반적으로 쾌라고 부르는 것이라고 할 수 있다. 그에 반해 불쾌란 표상의 상태를 그 표상과 반대되는 것으로 규정하는(그 표상들을 억제하거나 배제하는) 근거를 함유하고 있는 표상인 것이다.(A 33)

미의 분석에 관한 첫 번째 부분과 두 번째 부분에서 쾌의 순간은 미적 경험의 본질적인 요소로 간주되었다. 칸트는 이 부분에서 취미판단의 이러한 요소와 목적 및 합목적성에 대한 언급 사이의 관계를 자세히 논하지는 않았다.

10절〔§10〕에서 칸트는 행위 및 외부 세계라는 객체를 목적으로 간주하면서, 이제 주체의 상태 혹은 기분에 대해 말하고 있다. 또한 여기서도 칸트는 (개념에 의한 인과성에 비유하여) **표상의 인과성**이 있다고 주장한다. 많은 표상들이 특정한 기분 상태, 즉 쾌 혹은 불쾌 감정의 원인이라는 것이다. 이것은 아주 쉬운 예를 통해 설명이 가능하다. 별로 열심히 준비하지 않았는

데 중요한 시험을 치러야만 한다는 표상은 불쾌나 두려움의 감정을 낳는다. 이렇게 표상들은 주체가 스스로 의식하든 의식하지 않든 간에 감정을 조건 짓는다. 여기서 본질적인 사실은 칸트가 쾌를 규정하면서 그것을 주체가 일시적으로 느끼는 의식 상태가 아닌 지속적으로 작용하는 상태로 보고 있다는 점이다. 이러한 규정에 따르면 불쾌의 감정은 언제나 그 정반대의 주관적 상태에 도달하려는 욕구와 관련을 맺고 있는 것일 수도 있다.

10절의 두 번째 부분에서 칸트는 다시금 목적과 합목적성 개념으로 돌아온다. 그러면서 주체의 기분 상태에 비추어 본 특정한 표상들의 인과성에 대해서는 나중에 다시 언급하고 있다.

칸트에 의하면 우리는 일반적으로 (의식적인 창조 과정의 산물인) 예술품과 인간의 의도가 개입된 산물을 목적이라고 간주한다. 여기서 목적에 대한 언급은 행위자에게 어떤 의지가 있음을 가정하고 있는 것 같다.

목적과 합목적성에 대한 언급은 대상에 대한 일종의 설명 형식이다. 우리는 목적을 알게 되면 대상에 대해 더 잘 알 수 있다. 뒤퐁 씨가 부자가 되기 위해 베스트셀러를 쓰려고 했다는 것을 우리가 알고 있다면, 경우에 따라선 이러한 정보를 모르고 있을 때보다 그의 소설의 질을 더욱 잘 파악할 수도 있다. 이제 10절의 두 번째 부분에서 칸트는 중요한 구분을 한다. 즉 그는 우리가 창조 행위를 하는 주체의 목적에 대해 아무것도 말할 수 없는 대상도 있지만, 그러한 대상도 어떤 의지가 목적으로 하는 표상에 따라 규정되었다고 설명할 수 있다고 말한다.

> 그러므로 우리가 이러한 형식의 **원인들**을 어떤 의지 안에 세워두지는 않더라도 그것을 어떤 의지로부터 이끌어냄으로써 비로소 그 가능성을 설명할 수 있는 한, 합목적성은 목적 없이도 존재할 수 있다.(A 33)

이 부분에서 결정적인 표현은 바로 **목적 없는 합목적성**Zweckmäßigkeit ohne Zweck일 것이다.

우리는 목적 있는 합목적성을 인간에 의해 산출된 대상을 설명하는 데서나 인간의 의도적인 행동을 기술하는 데서 찾는다.

반면에 우리는 목적 없는 합목적성을 예컨대 목적이 끼어들지 않은 행동 영역 밖에서 찾는다. 여기서 칸트는 특정한 자연 대상, 특히 생물학의 연구 대상으로서의 생명체를 염두에 두고 있다. 이러한 대상에 대해 우리는 마치 계획적인 의지가 그 조직을 규정하는 것인 양, 그 구조 요소들의 배치를 기술하면서 설명할 수 있다는 것이다. 물론 그러한 자연물들이 토끼나 사과나무가 그러는 것처럼 특정한 목적에 봉사한다고 하거나 혹은 예술품처럼 어떤 창작자에 의해 계획적으로 산출된 것이라고 설명할 수는 없다. 하지만 우리는 모든 요소들이 어떤 합목적인 관계에 있다는 가설에 입각하여 유기체의 개별 속성을 설명할 수 있다.

칸트는 이러한 맥락에서 우리가 "형식의 합목적성"(A 33)을 확인한다라고 표현한다. 어떤 대상에 목적 없는 합목적성을 부여하는 설명은 객체를 법칙 환원론적이고 기계주의적인 방식으로 설명하는 것과는 현저히 구분된다. 후자의 설명 방식은 무한한 타당성을 보장한다. 반면에 목적 없는 합목적성을 부여하는 설명 방식은 제한된 타당성만을 가질 뿐이다.

> 따라서 우리는 합목적성의 근저에 (목적인目的因 nexus finalis의 재료로서) 어떤 목적이 놓여 있지 않더라도, 합목적성을 적어도 형식에 따라 관찰할 수는 있으며, 또 그것을 비록 반성에 의해서밖에 할 수 없지만, 대상들에서 확인할 수가 있는 것이다.(A 33f)

아직 칸트는 10절[§10]을 미적 대상에 대한 판단의 분석과 관련짓지는 않았다. 단지 특정한 표상들에 의해 조건 지어진 쾌에 대한 언급 정도가 미의 관점에서 그럴듯해 보이지만, 아직 설명되지 않은 쾌와 관련 있는 것으로 보인다. 미의 분석에서 합목적성을 언급하는 것이 왜 그토록 중요한지는 다음과 같은 사실에서 분명해진다. 칸트는 취미판단과 합목적성 개념 사이의 관계를 다음과 같이 공식화한다.

> *취미판단의 기초는 다름 아닌 대상의 (또는 대상의 표현 방식의) 합목적성의 형식일 뿐이다.*(A 34)

이제 이 문장에 대한 주석은 목적과 합목적성에 대한 언급 가운데 어떤 형식이 지금까지 내렸던 취미판단에 대한 규정에 비추어 관련이 없을 수도 있음을 설명하는 것으로 시작한다. 분명히 앞의 주장에 따르면, 취미판단의 대상은 목적으로 보아서는 안 되고 단지 합목적성의 형식에 근거하여 판단되어야만 한다.

이에 칸트는 두 가지 목적 개념을 구분하면서 논증한다.

1. 주관적 목적

주관적 목적은 **주체의 만족과 쾌감**으로 간주될 수 있다. 여기서 대상은, 그것이 주체 내의 특정한 상태를 일으키는, 이를테면 쾌감을 낳는 조건 아래서 관찰된다.

2. 객관적 목적

객관적 목적은 주관적 목적과 달리 오히려 인간에 대한 보편타당한 사고능력으로 인해 등장한다. 유용한 것과 **도덕적으로 선**한 것이 객관적 목적의 대표적인 두 형식이다.

칸트가 이 주장을 정당화하려면 취미판단에서 대상은 주관적 목적에도 객관적 목적에도 결부되어 있지 않음을 보여주어야만 한다.

그는 이전에 얻은 결론, 즉 미의 분석의 첫 번째와 두 번째 부분에서 얻은 결론과 관련하여 이를 증명한다.

취미판단의 성질에 대한 고찰에서 도출된 결론은, 판단의 주체는 선과 쾌적한 쾌〔감각 쾌〕에 대해서 관심을 가지는 것과는 달리 아름다운 대상에 대해서는 어떠한 관심도 갖지 않는다는 것이었다. 이 규정과 목적 개념에 대한 정의로부터 칸트는 취미판단은 주체의 어떠한 목적에도 기반을 두고 있지 않다는 결론을 이끌어낸다. 이와 반면에 어떤 대상을 쾌적한 것으로 판단하는 것의 바탕에는 바로 주관적 목적(쾌감에 대한 주체의 관심)이 놓여 있다.

취미판단은 대상의 객관적 속성을 인식하는 판단이 아니기 때문에 칸트는 취미판단에는 어떠한 객관적 목적 개념이 들어 있지 않다고 결론 내린다. 이러한 논증으로부터 그는 이 절의 말미를 다음과 같이 맺는다.

> 〔……〕 따라서 표상을 동반하는 쾌는 대상의 완전성에 대한 **표상**과 선 개념과 마찬가지로 규정 근거를 내포한 것일 수 없다. 그러므로 모든 목적을 (객관적 목적과 주관적 목적을 포함하여) 떠나 대상을 표상할 때의 주관적 합목적성만이, 따라서 우리에게 대상을 **주어지게 하는** 표상에 있어서의, 우리가 그것을 의식하는 한에 있어서의 합목적성의 단순한 형식만이 개념을 떠나서 보편적으로 전달될 수 있다고 규정되는 만족을 성립시킬 수 있으며, 취미판단을 규정하는 근거가 될 수 있는 것이다.(A 35)

아마도 앞의 인용문을 이해하는 데에 문제가 없다고 말하는 것은 많은 경우에 거짓일 것이다. 이러한 문맥은 첫 번째 독해로 최대한의 개념적인 명료성을 추구하다 보면 혼란스런 인상을 많이 받을 수 있는 대표적인 예이다.[4] 문맥을 계속 숙고하는 과정에서 비로소 우리가 어떻게 목적 없는 합목적성에 대한 주관적 형식을 인식하는가, 그리고 이러한 합목적성의 특별한 형식이 세계와 우리의 관계에 어떤 의미가 있는가와 같은 물음에 대한 답이 드러나게 된다.

칸트 철학에 있어서 가장 중요한 개념적 구분으로 **선천적先天的** a priori 인식과 **후천적後天的** a posteriori 인식이 있다. 칸트가 이 개념들을 처음으로 창안한 것은 아니지만, 그는 오늘날 우리가 사용하는 이 개념에 표준적인 의미를 부여했다.

---

[4] 이에 지극히 복잡한 종속절이 부가된 문장 구성을 고려하여, 두 번째 문장에서 이 문맥의 핵심적인 주요 아이디어를 벗겨내는 것을 추천하고자 한다.

인용문의 첫 문장에서 칸트는 주관적 목적("표상을 동반하는 쾌")과 객관적 목적("대상의 완전성에 대한 표상과 선 개념") 그 어느 것도 취미판단과 관련이 없다라고 말하고 있다.

이어서 그는 계속해서 "그러므로 모든 목적을 떠나 [……] 주관적 합목적성만이, [……] 합목적성의 단순한 형식만이 [……] 취미판단을 규정하는 근거가 될 수 있는 것이다"라고 주장한다.

여기서 실제로 개념적 근거에서 생략된 낱낱의 규정들이 스며 있음을 하나하나 지적하는 것은 불가능하다. 칸트는 취미판단의 고유성을 가능한 한 분명하게 드러내고 다른 종류의 판단과 구분하기 위해 쓸데없이 불필요한 표현들을 아꼈던 것이다.

그렇다면 칸트가 구분한, 선천적으로 유효한 지식과 후천적으로 유효한 지식의 의미는 무엇일까?

다소 과장해서 말하자면 칸트의 비판철학 전체는 우리의 지식의 선천적 기초를 규정하려는 시도로 볼 수 있다. 선천적으로 유효한 지식이란 경험에 기댈 필요가 없는 지식을 말한다. 칸트는 그러한 지식의 본보기로 수학적 명제를 들고 있다.

아래에서 나는 선천적이라는 의미를 이러한 예에 입각해서 설명하고자 한다. 우리는 수학적 명제를 순전히 개념적 사고로 증명한다. 칸트의 생각에 따르면, 우리는 개별 사물을 낱개로 세면서 수를 다루긴 하지만, 그렇다고 그것이 수학적 개념 자체가 경험적인 개념이라는 것을 의미하지는 않는다. 오히려 문제는 우리가 개별적으로 수를 셀 때 기초로 하고 있는 경험과 독립된 어떤 속성이다.

어린 루드비히가 탁자 위에 두 종류의 사과, 즉 세 개의 녹색 그래니 스미스 사과와 두 개의 빨간 보스콥 사과를 올려놓았다고 가정하자. 이제 루드비히는 이 둘을 합산해야만 한다. 칸트의 관점에서 보면 루드비히는 수 개념을 이해하고 있을 때에만 덧셈을 할 수 있다. 이러한 숫자 조작은 시공간적으로 고정될 수 있는 대상, 즉 셀 수 있는 외부 사물들로부터 독립되어 있는 것으로 보인다. 루드비히가 5라는 올바른 덧셈 결과를 얻는 것은 경험적인 대상에 대한 정확한 관찰을 통해서가 아니라 선천적인 지식을 통해서이다.

선천적 지식의 원천은 이성에 있다. 우리는 이러한 지식을 세계에 있는 대상을 연구하면서 경험으로부터 도출하지는 않는다. 우리는 훨씬 더 복잡한 덧셈을 할 수 있다. 우리는 결코 "2+3=5"라는 등식이 틀렸다고 하면서 새로운 것을 "발명"할 수도 없다. 왜냐하면 수학의 대상은 경험의 영역으로 둘러싸인 상황에서 독립되어 있기 때문이다. 이것은 우리가 셈이나 계산을 하는 경험을 통해서 수학적 개념을 익힐 때에도 마찬가지이다.

이것으로 선천적 지식에 대한 대략의 개념 설명은 족하리라 생각한다.

이어지는 글에서 이제 칸트는 취미판단이 선천적인 기초에 근거하고 있다는 것을 보이려고 한다. 이는 언뜻 패러독스적인 시도로 보인다. 왜냐하면 지금까지 미의 분석에 따르면 무관심한 쾌의 감정이 취미판단에서 중심적인 역할을 한다고 보았기 때문이다. 말하자면 주체의 감정은 지극히 경험적인 순간을 관통한다.

실제로 칸트의 눈에는 달리 보인다. 칸트는 미의 분석의 두 번째 절에서 미에 대한 쾌감을 다루면서, 보편적으로 알릴 수 있는 감정이 문제의 핵심이라고 주장했다. 이러한 감정은 상상력과 오성 사이의 독특한 상호 작용에 기초하고 있다. 따라서 우리는 경험에 호소하지 않고서도 상상력과 오성이 어떤 표상을 통해 유희적이고 조화로운 관계로 이끌릴 때, 언제나 주체에 의해 긍정적인 취미판단이 내려질 수 있음을 알 수 있다. 여기서 우리는 표상에 기초해 있는 대상들의 객관적인 속성에 대해 아무것도 알 필요가 없다. 따라서 취미판단이 선천적인 기초에 근거한다는 주장은 타당해 보인다.

지금까지의 취미판단에 대한 분석은 다른 판단 형식과의 비교를 통해 취미판단의 독특한 측면을 기술하면서 다루어졌다. 이제 칸트는 이것으로 취미판단에 대한 전체적인 규정, 즉 **순수 취미판단**에 대한 규정을 마쳤다고 말한다.

순수 취미판단은 관찰자의 인식능력을 오직 **대상의 합목적성의 형식**을 통해서만 규정하며 **찬성을 요구**할 수 있다. 대상을 판단하는 데 있어서 자극과 감동이 끼어들면 취미판단은 이제 더 이상 순수하지 않다. 왜냐하면 감동은 오직 대상의 형식에 주목할 때에는 결코 생겨나지 않는 관찰자의 정서이기 때문이다.

순수하지 않은 취미판단도 중요하며, 특히 예술의 영역에서 이것이 본질적인 역할을 한다는 점은 이어지는 글에서 분명히 기술된다.

지금까지의 개념적 설명에 따르면 칸트는 다음과 같은 구분을 하고 있다.

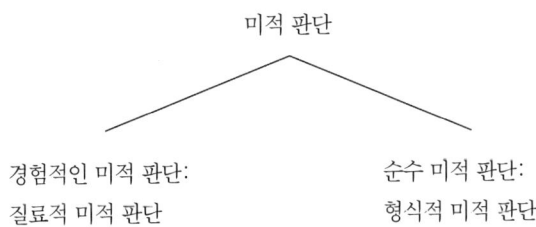

칸트는 이 구분을 다음과 같이 설명한다. 대상에 대한 쾌 혹은 불쾌의 판단은 감각 지각에 의해 결정적으로 규정된다. 따라서 감각판단이라는 용어를 사용할 수도 있다. 하지만 대상에 대한 미적 판단에서는 감각 지각이 아무런 결정적인 역할도 하지 않는다. 여기에서는 표상의 형식적인 측면이 결정적으로 중요하다.

칸트는 이 구분을 통해 순수 취미판단의 대상도 감각 지각에서처럼 마음에 쾌적함을 줄 수 있다는 측면을 배제하고 있는 것 같다. 하지만 이러한 생각은 작곡된 음악의 성공적인 연주가 청중에게 줄 수 있는 어떤 즐거움과 같은 것을 고려해볼 때 지극히 혼란스럽게 들린다. 음향적인 감각자극이 판단자의 만족에 중요한 규정 근거가 될 수도 있기 때문이다. 하지만 칸트는 다음과 같이 쓰고 있다.

> 따라서 취미판단은, 단지 경험적 만족이 그 규정 근거에 끼어들지 않을 때만이 순수하다.(A 39)

계속해서 칸트는 제기될 만한 문제들을 언급한다. 기분 좋게 들리는 바이올린 소리에 우리가 만족한다는 것은 무엇을 뜻하는가? "저것은 아름다운 소리이다"라는 진술은 취미판단인가? 혹은 누군가가 "이 소리는 나에게 쾌적감을 준다"고 말할 때, 그것은 칸트의 용어로 적합하게 표현해서 감각판단인가?

여기서 칸트는 소리가 판단을 규정하는 지각 **형식**[옮긴이 강조]

일 경우에 한해서만 아름답다고 표현할 수 있다고 단호히 주장하고 있다.

하지만 이것은 우리에게 더 이상 도움을 주지는 못한다. 왜냐하면 여전히 다음과 같은 질문이 제기될 수 있기 때문이다. 예를 들어 바이올린의 아름다운 소리에 대해서 음조의 표상 형식을 말한다면, 이는 대체 무엇을 뜻하는가? 또한 그 재료와 구분되는 소리의 형식이란 무엇인가?

칸트의 대답은 그 자체만으로 즐거움을 주는 우리 감각 지각의 균형감과 순수성이 존재한다는 생각에 근거해 있다. 여기서 각 감각이 어떤 질료적 성질을 지니고 있는지는 중요하지 않다. 이제 이 문제에 대해 충분히 해명이 되었는가?

메뉴인 씨가 지금 막 자신의 스트라디바리 바이올린을 제대로 조율하고 A현을 뜯는다고 가정해보자. 그러면 우리는 우리의 몸에 전율을 일으키는 균질하고 깔끔한 음조를 듣게 된다. 이 음조는 균질하고 깨끗할 뿐만 아니라 둥글고 풍만하면서도 부담스럽지 않게 공간을 채운다.

칸트에 의하면 우리가 "이것은 아름다운 소리이다"라고 말할 때 우리는 그 균형감이나 순수성을 오직 소리 및 그 지각의 형식과만 관련짓는다는 것이다. 말하자면 메뉴인 씨는 활로 연주하지 않았으며, 우리는 소리의 강도나 음의 고저에 있어서 어떠한 차이도 지각하지 못한다. 바로 이것이 칸트에게 결정적인 것이다. 칸트의 견해에 따르면 우리가 악기의 특정한 음색이나 투명하고 밝은 음조를 마음에 들어 하는 것은 순수한 취미판단에 대한 이차적인 계기일 뿐이다.

칸트는 대상의 형식적 측면에 대한 가치 평가와 지각의 질료적 요소에 대한 만족 사이의 차이를 설명하기 위해 그림을 예로 든다. 여기서 칸트에게는 (1)형식으로서의 선線, (2)회화적 표현의 재료로서의 색色이 중요하다. 또한 칸트는 자신에게 걸맞는 엄격주의를 따르면서, 순수한 취미판단은 오직 형식적인 측면에만 기초하고 있다는 주장을 견지하고 있다.

> 회화와 조각에 있어서, 아니 모든 조형예술, 그러니까 건축예술과 조경예술에 있어서도 그것이 미적 예술인 한, 본질적인 것은 **도안** 圖案Zeichnung이다. 그리고 도안에 관해서 취미에 맞는 일체의 구도의 기초를 결정하는 것은 감각에 관계하는 즐거움을 준다기보다 단지 그 **형식**에 의해 만족을 주는 것이다. 윤곽을 그려주는 색채들은 다만 자극의 일부일 뿐이다.(A 41)

칸트의 설명을 이해하기 위해서는, 그가 "도안"을 선을 통한 형태화로 이해하고 있다는 점을 주목해야 한다.

물론 칸트의 음악의 개념이나 색채의 이해에 대해 정당한 근거를 들어 몇 가지 결정적인 이의를 제기할 수도 있다. 하지만 위에서 첫 번째로 접근한 설명의 맥락으로 보았을 때, 이 문제에 대한 언급은 이것으로 족하리라 생각된다.

15절[§15]에서 논의하고 있는 완전성에 대한 개념은 바움가르텐Alexander Gottlieb Baumgarten(1714~1762)의 미학의 맥락에서 고려되어야 한다.[5] 이 논의에서 칸트는 바움가르텐의 미학에 대한 생각을 정면으로 반박한다. 바움가르텐은 미 개념이 완전성 개념으로부터 도출될 수 있다고 주장했다. 그러나 칸트는 단락 15절에서 소제목으로 이미 쓰고 있듯이 이와 전혀 다른 생각을 피력한다[11절에서도 이미 칸트는 취미판단이 대상의 완전성에 대한 표상Vorstellung von der Vollkommenheit des Gegenstandes과 무관함을 말하고 있다]. 왜 그랬을까?

칸트는 첫 구절에서 대상의 객관적 합목적성은 단지 개념의 기초에서만 인식된다고 주장한다. 객관적 합목적성은 두 가지 하위 개념으로 나누어진다.

---

5) 미학 및 예술이론의 역사에서 바움가르텐이 중심적인 인물인 이유는, 그가 이러한 철학의 분과 학문을 '창안' 했기 때문이다. 그는 미학이라는 용어를 인식 이론의 독자적인 분과로 도입했다. 그에게 미학은 감각적 인식과 아름다운 예술을 이론적으로 다루는 학문이다. 그의 핵심적인 생각은 1735년의 박사 학위논문에서 공식화되었으며 미완성의 저서인 『미학 Aesthetica』(1750)에서 본격적으로 다루어지고 있다. 바움가르텐의 저작들은 다음과 같은 여러 판본으로 출간되었다. A. G. Baumgarten, *Philosophische Betrachtungen über einige Bedingungen des Gedichts*, (Hg.) H. Paetzold, Hamburg, 1983; A. G. Baumgarten, *Texte zur Grundlegung der Ästhetik*, (Hg.) H. R. Schweizer, Hamburg, 1983.
바움가르텐의 미학에 대한 좋은 안내서로 다음의 책을 권한다. U. Franke, *Kunst als Erkenntnis: Die Rolle der Sinnlichkeit in der Asthetik des Alexander Gottlieb Baumgarten*, Wiesbaden, 1972.

취미판단에서 대상에 대한 외적인 객관적 합목적성(유용성)이 중요하지 않다는 것을 우리는 지금까지의 논의에서 충분히 설명했다. 반면에 내적인 객관적 합목적성의 경우 그 의미가 아직 불명확한 것 같다. 이에 칸트는 다음과 같이 쓰고 있다.

> 〔……〕그러나 내적인 객관적 합목적성, 즉 완전성은 이미 미라는 술어에 더 가까우며, 그 때문에 저명한 철학자들도 비록 **완전성이 혼란스러운 방식으로 사유될 경우에는**이라고 하는 단서를 달았지만 완전성을 미와 동일시했던 것이다. 미가 과연 실제로 완전성 개념 속에 해소되는 것인가를 취미판단에서 결정하는 일은 매우 중요하다.(A 44)

칸트는 바움가르텐에 대해 다음과 같은 반론을 제시한다.

1. 취미판단은 미적 판단이다. 이것은 취미판단이 대상의 개념에 기초해 있지 않고 인식능력의 조화로운 관계에 대한 감정을 통해 규정된다는 의미이다.

2. 바움가르텐학파는 대상의 완전성을 혼란스런 방식으로라도 인식할 경우 그러한 판단은 미적이라고 부르고 있다. 그것은 모순적인 이해 방식이다. 왜냐하면 사물의 속성에 대한 판단은 그것이 명쾌한 판단이건 아니면 혼란스런 판단이건 상관없이 언제나 오성의 판단이지 감각의 판단은 아니기 때문이다.[6] 결국

---

[6] "어둡다", "명쾌하다", "분명하다", "혼란스럽다" 등과 같은 표현들은 일상용어처럼 이해되어서는 안 된다. 합리주의적 철학 전통에서 이 용어들은 각각 표상들을 분류하기 위해 설정된 것이다.

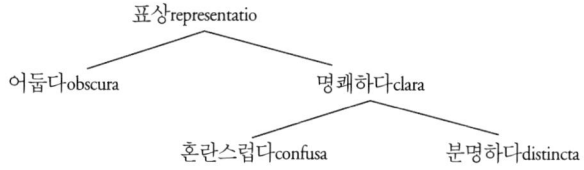

표상은 "어둡다"이거나 아니면 "명쾌하다"이다. 명쾌한 표상은 나로 하여금 표상된 것을 재인식하게끔 해준다. 이와 반대로 "어두운" 표상은 내가 기술된 대상을 재인식할 수 없는 경우이다. 꽃을 본 것을 기억해냈지만 이 꽃을 재인식할 수 없는 경우에 그것은 "어두운" 표상이다.
"명쾌한" 표상은 다시 두 종류로 나누어진다. 먼저 내가 대상을 재인식할 수는 있지만 그 개별적인 특징들을 열거할 수 없을 경우에 그러한 표상은 "혼란스럽다"라고 부른다. 혼란스런 표상의 예로 어떤 포도주를 재인식하는 경우를 들 수 있는데, 이때 우리는 포도주의 낱낱의 구성 요소를 열거할 수는 없지만 포도주를 제대로 맞출 수는 있다. "혼란스런" 표상의 반대편에 "분명한" 표상이 있다. "분명한" 표상이란 우리가 표상된 대상의 개별 특성들을 인식할 수 있으며 개별 대상들을 다른 모든 대상들로부터 구별할 수 있는 경우를 말한다.
대강 말하자면 바움가르텐은 "명쾌하고 분명한 표상"에 비해 "명쾌하고

칸트의 견해에 따르면 바움가르텐은 오성과 감성의 능력을 분명하게 구분하지 않았다는 것이다. 즉 바움가르텐은 마치 "인간은 감각적으로 판단하는 오성을 지니고 있든가, 아니면 개념을 통해서 그 대상을 표상하는 감각을 갖고 있다"고 말하는 것 같다. "이는 모순적이다."(A 47)

3. 지금까지 지식 형성의 영역을 서로 독립된 두 부문, 즉 오성과 감성으로 구별하면서 이제 칸트는 다음과 같은 결론을 이끌어내고 있다. 취미판단은 대상의 완전성에 대한 판단일 수 없는데, 그 이유는 완전성에 대한 판단은 전적으로 대상의 개념적 고정화를 요구하기 때문이다.

이미 칸트는 13절[§13]과 14[§14]절에서 사례를 통해 취미판단이 순수하지만은 않아서 언제나 개념적인 논의나 감각적인 동인(자극과 감동)들을 동반한다고 지적한다. 그래서 칸트는 이제 미적 대상에 대한 개념적 규정이 주어지는 경우를 다루려고 한다.

> 미에는 두 가지 종류, 즉 자유미自由美pulchritudo vaga와 부수미附隨美 pulchritudo adhaerens가 있다. 전자는 대상이 무엇이어야만 하는가에 관한 개념을 전제하지 않으나, 후자는 그와 같은 개념과 그 개념에 따른 대상의 완전성을 전제한다.(A 48)

혼란스런 표상"에 대한 전통적인 평가절하를 지양하고자 했다. 이에 대해 G. Gabriel, "Klar und deutlich", In: *HWbPh* IV., Basel, 1976, pp. 846~848 참조.

칸트는 **자유미의 범주**에 드는 대상들을 순수한 취미판단의 대상이 될 가능성이 있는 것으로 본다. 왜냐하면 대상의 개념 중 어떤 것도 그 대상의 지각에 기초해 있지 않기 때문이다. 칸트는 몇 가지 예를 드는데, 꽃, 새(앵무새, 벌새), 희랍풍의 도안, 무늬 장식이나 구체적인 형태가 없는 도안, 양탄자 무늬, (표제 없는) 음악적 판타지 등이 그것이다.

칸트에 따르면 **부수미의 범주**에는 인간, 말馬, 건축물(교회, 궁전)이 있다. 여기서 칸트가 사용하고 있는 분류 원칙은 무엇일까? 이 분류에서 눈에 띄는 것은, 어떤 생물체는 자유미의 범주에 속하는 반면, 또 다른 생물체는 부수미의 범주에 든다는 점이다. 그러한 구분의 근거는 무엇인가? 먼저 자유미의 항목에 드는 것으로 인용된 대상들을 들여다보면, 어떤 특정한 목적에 봉사하지 않으면서 까다로운 개념 규정도 필요하지 않는 대상이라는 공통점이 있다.

벌새는 칸트가 그 아름다운 자태에 탄복하여 인용한 동물이다. 칸트는 또한 아름다운 말을 보면서 기뻐하기도 한다. 그러나 아름다운 말을 지각한다는 것은 이국적인 벌새와는 사뭇 다르다. 말은 달리는 동물로 평가되며 그것으로 인해 몇 가지 개념적인 고려가 더 끼어드는 대상이다.

칸트는 우리에게 이러한 개념적 고려가 있을 수 있음을 결코 부인하지는 않는다. 다만 적지 않은 경우에 그러한 추상은 인위적으로 보인다. 따라서 우리는 어떤 동일한 대상을 자유미로도 혹은 부수미로도 판단할 수 있는 것이다. 이때 중요한 것은 사물의 객관적 속성을 언제나 지니고 있는 두 가지 종류의 대상을 일차적으로 구분하는 데 있지 않고, 대상에 대한 두 가지 종류의 판단 형식을 구분하는 것과 관련되어 있다. 즉 한편으로 어떠한 개념적 고착화를 겨냥하지 않으면서 전적으로 직관에만 호소하는 것을 자유미의 유형이라고 보고, 다른 한편으로 대상의 개념을 전제하는 것을 부수미의 유형으로 보는 것이다.

칸트의 구분은 또한 취미와 관련된 문제에서 벌어지는 여러 가지 논쟁점들을 이해하게 해준다. 이를테면 말 사육자는 아마도 말을 오로지 부수미의 예라고 판단할 것이다. 그는 자신이 소유하고 있는 이 달리는 동물을 보잘것없는 동물의 한 종류로 간주하지, 아름답다고 간주하지는 않을 것이다. 반면 그 방면에 문외한인 사람은 이 말이 절룩거리더라도 때론 순수한 취미판단을 내리면서 그것을 아름답다고 판단할 수도 있다.

> [……] 그와 같은 경우에는 이 판단자가 대상을 자유미라고 판정하여 올바른 취미판단을 내린다 할지라도, 그는 그 대상이 미에 있어서 단지 부수적 성질만 있다고 보는(즉 대상의 목적에 주의를 기울이고 있는) 다른 판단자로부터 비난을 받고, 그릇된 취미를 가지고 있다고 질책을 받게 될 것이다. 그러나 두 사람은 모두 자기 나름으로 올바른 판단을 내리고 있는 것이다. 즉 전자는 감관에 나타나는 것에 따라 판단을 내리고 있고, 후자는 사고에 따라 판단을 내리고

있는 것이다.(A 52)

13절[§13]부터의 칸트의 핵심적인 과제는 순수한 취미판단을 본질적으로 개념적인 순간이나 감각적인 순간에 의해 매개되는 취미판단들과 구분하는 것이다.

칸트는 **취미의 자율성**이라는 말을 특별한 글씨체로 쓰면서 강조하고 있다. 그는 순수 취미판단이 개념적으로 확정되지 않고 독립되어 있는 상황을 염두에 둔다. 말하자면 우리는 대상이 우리의 마음에 들기 위한 조건은 무엇인지를 개념적인 방식으로 확정할 수는 없는 것이다. 왜냐하면 미적인 만족은 항상 관찰자가 대상을 직접 파악하는 방식 자체에 의해 결정되기 때문이다.

칸트가 분명히 밝히고 있듯이, 그의 취미판단에 대한 분석은 선험적 차원의 연구를 요구한다. 이 말은 칸트가 미적인 대상에 대해 개별적인 것을, 이를테면 경험적으로 주어진 판단을 연구하는 것이 아니라, 어떤 것이 아름다운 것으로 간주되는 경우에 있어서 그 보편적·구성적 조건이 무엇인지를 설명하고자 했음을 의미한다. 그는 미에 대한 무관심적인 만족의 감정과 관련하여 "모든 시대, 모든 민족에 〔……〕 일치점"(A 53)이 있다고 주장한다.

물론 칸트는 상이한 문화들 사이에 존재하는 다양한 양식 유형 및 취미 유형을 무시하지는 않는다. 하지만 그는 그러한 다양성을 취미판단에 대한 보편성의 요구 아래에 둔다. 취미 문제에 있어서 인간들의 선호가 다양한 대상을 향하는 것은 사실이지만, 판단의 논리는 언제나 동일하다는 것이다. 어떤 객관적인 인식 판단이 문제가 아니라, 대상 표상에 있어서 합목적성의 형식에 주목해야 하며, 무관심하고 보편적인 만족이 관건인 것이다.

이어지는 설명과 함께 이제 칸트는 순수 판단 형식을 떠난다. 이제 그는 "미의 이념"에 해당되는 "취미의 원형原型Urbild"으로 간주할 만한 대상이 있을 수 있는지 생각해본다. 그러한 직관의 대상을 그는 이상理想Ideal이라고 부른다. 이상은 그 자체로는 알려지지 않는, 이성 이념의 감각화이다.

먼저 칸트는 미의 이상이라고 부를 만하지만 반드시 그렇지는 않은 일련의 대상들을 제거해나가면서 다음과 같은 결론을 내린다. 즉 단지 인간만이 "자신의 실존의 목적"(A 55)을 스스로 지니고 있는 존재로서 미의 이상을 이해할 수 있다. 이러한 생각을 이해시키기 위해서 칸트는 규준 이념Normalidee이라는 개념을 사용하면서 이를 미의 이상 개념과 대비시킨다.

칸트는 미적 규준 이념을 어떤 종種의 두드러진 특징을 직관하게 해주는 일종의 기술記述로 이해하고 있다. 하지만 그러한 묘사는 그 종의 예를 보여줌으로써 이루어져서는 안 되고 그 종의 개별화된 특성들을 넘어서는 일종의 추상적인 방식으로 행해져야 한다. 따라서 그러한 묘사는 특수한 특성들을 나열하지 않고 구체적인 형상의 종 개념을 감각화하는 것과 관련이 있다. 규준 이념은

〔……〕 개체에 관한 모든 개개의 직관들, 즉 여러 가지로 상이한 직

관들 사이를 떠돌고 있는, 그 종 전체에 대한 상(象)이요, 자연은 이 상을 동일한 종류에 속하는 **자연**의 산물들의 원형으로서 근저에 두었으나, 어떠한 개체에 있어서도 이 상을 완전히 실현하지는 못한 듯하다.(A 58)

그 예로 칸트는 고대 그리스의 조각상, 즉 폴리클레이토스 Polyklet의 〈창을 맨 사나이Doryphorus〉를 들고 있다. 이 조각상은 젊은 남성을 원형적으로 묘사하고 있는 작품이다. 이 조각의 현시가 만족을 주는 것은 "미 때문이 아니라, 단지 그 현시가 이 종에 속하는 어떤 개별 사례라도 아름다울 수 있다는 조건을 만족시켜주기 때문이다."(A 58)

칸트가 규준 이념을 언급하는 이유는 이렇게 대비되는 개념을 통해 미의 이상 개념을 분명하게 하기 위함이다.

이제 우리는 모든 가능한 종류의 대상과 관련하여 규준 이념을 만들어낼 수 있다. 예컨대 말, 경주용 개, 포플러 가로수 길 등에 대한 원형적인 현시가 있을 수 있다. 하지만 칸트의 언어 사용 방식에 따르면, 오직 인간에게만 미의 이상이 있다는 것이다. 왜냐하면 오직 인간만이 신체에 대한 현시가 눈에 보이는 "도덕적 이념의 표현"(A 59)이 될 수 있기 때문이다. 이것으로 칸트는 무엇을 말하려 하는 것일까?

칸트는 특정한 속성을 부여하면서 인간을 묘사해놓은 조각상을 염두에 두고 있다. 여기서 속성이란 우리가 독특하게 인간적이라고 하는 것들, 즉 "영혼", "순수성(사고의 순진무구)", "고요함(침착과 냉정의 의미에서)" 혹은 "강인함(강한 의지라는 의미에서)" 등을 말한다.

신체적 힘의 측면에서 강인함은 동물의 속성이기도 하다. 그래서 우리는 인간에 대해서만 어떤 사람은 의지가 강하다라고 말하는 것이다.

칸트에 의하면 방금 언급한 내적인 속성 내지 심리적 상태는 도덕적인 선 이념과 밀접한 관련을 맺고 있다. 영혼, 순수성, 침착성, 강한 의지는 흔히 우리가 선한 행동이 될 만한 조건이라고 간주하는 성격적 특성이기도 하다. 칸트는 이러한 상태의 감각화를 이상의 현시로 간주한다. 이러한 의미로 볼 때 미의 이상을 순수 취미의 차원에서 생각할 수 없는 것은 당연하다. 왜냐하면 이상은 분명히 이성 이념의 또 다른 축이요, 도덕적·자율적 인격인 인간 이념의 감각화로 규정되기 때문이다. 그러한 규정은 일종의 개념적인 방식의 규정이어서 대상 표상과 관련된 순수 취미판단이 시도할 수 없는 것이다.[7]

취미판단에서의 목적의 관계Relation에 대한 연구라고 이름 붙

---

[7] 칸트 이후의 예술이론, 특히 헤겔의 미학에서 미 개념은 '이념의 감각적 가상'으로 간주되는데, 칸트에게는 미의 이상 개념 아래에서 이해되는 예술품에 대한 미적 판단이 결정적인 역할을 한다. 물론 칸트가 그런 측면에 주목하지 않은 것은 아니지만, 그것은 취미에 대한 그의 분석에서 단지 주변적인 역할에 머물고 있다.

여진 10~17절〔§§10~17〕은 전체적으로 개념적인 분석으로 채워져 있다. 여기서 칸트가 이끌어낸 중요한 생각은 어떤 대상을 충족시키는 목적에 대한 온갖 종류의 주장들로부터 취미판단을 구분시키는 것이었다. 칸트에 따르면, 미적인 관점에서의 대상은 객관적인 목적에서도 주관적인 목적에서도 판단되어서는 안 된다. 여기서 합목적성이라는 형식만이 본질적이다. 이러한 형식은 판단 주체의 인식능력에 비추어 합목적적인 것으로 규정될 수 있다. 즉 미적 대상의 표상은 상상력과 오성을 자유롭게 유희하도록 해준다.

이를 칸트의 용어로 정리하면 다음과 같다.

미는 어떤 대상이 **목적의 표상을 떠나** 지각되는 경우에 한해서 **합목적성의 형식**이다.(A 60)

양상의 관점에서 본 취미판단의 분석(§§18~22)

미에 대한 분석의 네 번째 부분은 그 주제상 두 번째 논의와 연결된다. 그 논의에서 칸트는 다음과 같이 지적한 바 있다. 즉 취미판단은 오성의 판단이 아니지만 그럼에도 불구하고(쾌적한 대상에 대한 판단과 달리) 보편타당성을 요구한다. 어떤 의미에서 취미판단은 객관적인 인식판단과 단순히 사적인 타당성만을 요구하는 감각 지각에 대한 감정 표현 사이에 위치해 있다.

우리는 방금 요약한 오성판단과 감각판단의 이분법에만 머물러 있을 경우, 취미판단에 있어서 대상 관련성〔오성판단〕과 감정 활성화〔감각판단〕 사이의 밀접한 관계를 설명할 수 없게 된다.

이 문제는 18~22절〔§§18~22〕에서 다시 쟁점화된다. 여기에서는 객관적인 인식판단이 아닌 판단에 어느 정도의 필연성을 부여할 수 있는가가 논의되고 있다.

취미판단에서 **필연성**은 어느 정도 역할을 하는가? 여기서 무엇이 필연적인가?

> 흔히 우리는 **미**가 〔……〕 쾌와 **필연적인** 관계에 있다고 생각한다.(A 61)

취미판단에는 어떤 대상에 대한 표상이 필연적으로 쾌 감정과 결합되어 있다는 주장이 암묵적으로 포함되어 있다. 감각 상태와 대상 표상 사이의 결합은 우연적인 결합이 아니라 필연적인 결합으로 간주된다.

예컨대 쾌 감정을 인식판단과 관련지으면 우연적인 것으로 보일 수도 있다. 또한 이론적인 인식이 쾌 감정과 결합되는 경우도 있을 수 있다. 수수께끼를 풀 때처럼 학문적인 문제를 다루면서 어떤 진전을 이루게 되면 기쁨을 맛볼 수 있는 것이다. 하지만 이러한 정서적 측면은 이차적이다. 여기서 감정은 특정한 명제의 타당성 혹은 비非타당성과 관련을 맺지 않는다.

판단의 주체는 취미판단을 자신의 개인적인 성향에만 의존하여 말하지 않기 때문에, 그는 자신의 판단에 대한 보편적인 동의를 기대할 수 있다. 빈센트가 "x는 아름답다"라고 말할 때, 그는 x를 지각하고 있는 다른 모든 사람들도 "x는 아름답다"라고 말할 것이라 기대한다.

칸트는 빈센트의 판단에 놓여 있는 대상 표상과 쾌의 감정 사이의 필연적 결합을 우선적으로 논의하지는 않는다. 오히려 그는 일차적으로 빈센트가 다른 사람들의 동의를 기대하는 상황을 다룬다.

여기서 칸트는 다양한 형식의 필연성을 구분하고, 취미판단에서는 특정한 유형의 필연성만이 관여한다고 주장한다.

> 이러한 종류의 필연성은 단지 **예시적**으로만 언급될 수 있는데, [*이를테면] 그것은 우리가 진술할 수 없는 일반적인 규칙의 예로 간주되는 어떤 판단에 대해 모든 사람들이 인정하는 규정의 필연성을 말한다. (A 62)

판단 규칙은 우리가 긍정이나 부정의 형식으로 판단할 때 지침으로 삼는 일반적인 기본 문장을 공식화한다. 취미판단에서는 규칙으로 기능하는 개념적 원칙 대신에 주체의 감정 상태가 전면에 놓인다. 이러한 상태를 개념적으로 기술할 수도 있지만, 그것이 어떤 상태인지를 개념적 사고를 통해서는 알아낼 수 없다.

단지 그러한 상태는 만족을 통해 체험하는 수밖에 없다.

원칙적으로 다른 모든 사람들도 나와 동일한 조건하에서 무관심한 만족을 느낀다는 것을 알기 때문에 취미판단은 **보편적**이다. 대상의 어떤 속성들이 취미판단의 근거가 되는지에 대해 개념적인 진술로 고착시킬 수 없기 때문에 그것은 **예시적**이다. 나는 나의 특정한 감정 상태에 근거하여 어떤 아름다운 대상에 대한 예를 각각 알게 된다(이러한 논증으로부터 '보편적 예시'라는 칸트적 의미의 변증법적 개념이 도출된다).

이러한 기술이 적합하다면, 이제 도대체 어떤 이유에서 취미판단에 요구되는 타당성이 무제한적이지 않은가라는 문제가 제기된다.

칸트는 우리가 감정의 상태를 거짓으로 표현할 수 있음을 지적한다. 즉 만족이 단지 겉으로만 무관심한 경우를 생각할 수 있다.

이를 넘어서야만 대상에 대한 미적 태도의 가능성이 선천적으로 정당화된다. 빈센트가 "x는 아름답다"라고 말할 때, 그는 다른 사람도 마찬가지로 대상을 미적 태도로 지각할 수 있으며 그것으로 인해 긍정적인 취미판단에 도달할 수 있음을 알고 있다. 하지만 빈센트는 다른 개인이 이러한 태도를 이미 훈련받았고 그것에 합치되도록 표현했는지는 알 수 없다. 따라서 다른 사람이 특정 대상을 미적 태도의 대상으로 간주하려는 생각도 없었는데, 빈센트 혼자서만 자신의 취미판단을 정식화한 것일 수도 있다. 이러한 이유에서 판단은 무조건적인 필연성에의 요구를

할 수 없다.

취미판단의 근거가 되는 감정 상태가 상이한 주체들이 동일한 방식으로 체험하는 상태임을 강조하기 위해 칸트는 "**공통감**共通感 Gemeinsinn"이라는 단어를 사용한다.

칸트는 동시대에 사용되던 어법으로부터 거리를 두었기 때문에, 자신이 선택한 이 단어가 때론 오해를 불러일으킬 수 있음을 지적하고 있다. 당시 일반적인 어법으로는 "공통 오성共通悟性 gemeiner Verstand"(불어로 'bon sens', 영어로 'common sense'를 뜻하는 상식常識 gesunder Menschenverstand)이 공통감에 해당된다. 이 경우에 "공통감"이란 명쾌하고 분명한 개념 없이도 본능적으로 올바른 결론을 이끌어낼 수 있는 능력을 가리키는 말이다. 그러나 칸트는 이 개념을 취미판단을 규정하는 감정 상태를 표현하기 위해 사용했다.

자신이 제안한 개념이 그럴듯하다는 것을 보여주기 위해 칸트는 이전의 논의로 다시 돌아간다. 그는 취미판단에서의 결정적인 쾌의 감정을 "어떤 인식에 대한 인식능력 일반의 정조情調 Stimmung"(A 64)라고 규정한다. 여기서 칸트가 상상력과 오성이 조화로운 협동 관계에 있다고 지적했던 것을 기억해보자. 이러한 관계는 객관적인 인식의 필연적인 조건이기도 하다. 다시 말해 우리가 오성개념의 도움으로 대상 표상을 규정한다면 상상력과 오성의 협동은 언제나 필연적인 조건이다.

다만 대상 인식의 경우에는 두 인식능력의 관계가 그 자체로 의식되지 않고 전적으로 대상 규정의 과정에 종속될 뿐이다.

취미판단에 있어서는 상황이 전혀 다르다. 여기서 대상은 결코 개념으로 귀착하지 않으며, 우리는 우리의 인지적 능력의 관계에 주의를 기울이면서 긍정적인 상태에서 쾌의 감정을 느낀다.

이런 식으로 미적 쾌를 규정하게 되면, 이성적인 인간은 누구든지 이러한 만족을 느낄 줄 안다고 가정할 수 있다. 그들은 기꺼이 이론적 태도와 절교할 태세를 갖추어야 한다. 하지만 취미판단이 객관적 대상 인식의 과정과 유사하다는 이유에서 칸트는 이러한 정조가 보편적으로 알려질 수 있다고 말한다. 이러한 **전달 가능성**의 상황은 바로 공통감(모든 판단의 주체들에게 동일하게 나타나는 감정 상태)을 전제로 하는 것이다.

보도가 코레조Correggio의 그림을 보며 미적인 만족을 느끼고 "이 그림은 아름답다"라고 탄복하는 경우를 가정해보자. 보도는 어떤 정당한 근거에서 그와 동행한 사람도 유사하게 지각할 것이라고 주장하는 걸까? 혹은 보도 옆에서 같은 그림을 보고 있는 오도가 어깨를 움츠리면서 면전에서 불만을 중얼거리는 경우를 어떻게 이해해야만 할까?

칸트는 취미판단에 대한 승인을 확신하는 능력을 어떤 규준Norm에 근거해야 한다고 말한다. 하지만 이 규준은 취미판단에서 대상과 관련된 용어로 정식화될 수는 없다. 그 대신에 취미판단은 일반화할 수 있는 감정이라는 가정에 기초하고 있다. 이러한 가정은 일종의 경험적인 상태가 아니다. 보도가 "이 그림은 아름답다"라고 말할 때 다른 모든 사람들도 그 그림이 아름답다고 느낄 태세에 있다는 것을 경험할 수는 없는 노릇이다. 오히려 취미판단은 [논리적 필연성이라는 가정에 기초한] 타인에 대한 호소이다. 이는 그 대상을 아름다운 대상으로 파악하라고 요구하는 것과 동일한 의미이다.

> 그런데 이 공통감은 이 목적을 위해서 경험에 기초한 것일 수가 없다. 왜냐하면 이 공통감은 일종의 당위를 내포하고 있는 판단의 정당성을 확립하려는 것이며, 그것은 우리의 판단이 모든 사람들과 일**치할 것이라는** 의미가 아니라 합치**해야만 한다**는 의미이기 때문이다. 따라서 공통감은 [……] 단지 이상화된 규준이다. [……](A 66)

칸트에 의하면 우리는 다른 사람들도 원칙적으로 우리의 미적 만족의 대상을 미적으로 동의하면서 바라본다는 점을 알고 있다고 한다. 하지만 우리는 그들이 실제로 그렇게 행동하는지 확실히 예상할 수는 없다. 우리의 타당성 요구는 단지 동의일 뿐이다. 즉 다른 사람들이 미적 태도를 취할 태세에 있으며 또 그럴 능력이 있을 때 비로소 그들이 우리에게 동의할 것임을 의미한다.

보도는 오도가 코레조의 그림을 보면서도 아주 무관심한 경우를 경험한다. 그럼에도 불구하고 보도는 전혀 이에 개의치 않고, 오도도 그 그림을 아름답다고 지각할 것이라고 여전히 가정한다. 아마도 오도는 기분이 언짢은 상태일 수도 있고, 여행으로

피곤할 수도 있고, 전시장의 입장료가 너무 비싸서 기분이 상했을 수도 있으며 혹은 전시회를 관람하느니 해변에 누워 있는 편이 낫다고 생각하고 있을 수도 있다. 이러한 추측들에 의하면 오도는 그 그림을 차분히 주의 깊게 감상하지 못했고 그것이 오도가 보도의 판단에 동의하지 못한 근거요 이유가 될 수 있다.

실제로 이러한 추측대로라면 보도는 자신이 한 판단의 타당성 요구를 계속 확신할 수 있다. 또한 보도는 오도도 언젠가 코레조의 그림이 아름답다며 찬사를 보낼 것이라는 희망을 가질 것이다. 하지만 오도가 실제로 이 그림을 미적 태도에서 주의 깊게 감상했음에도 불구하고 경우에 따라선 전혀 긍정적이지 않은 결론을 내려, "이 그림은 아름답지 않아!"라고 말할 수도 있다. 이런 상황을 어떻게 보아야만 하는가? 이러한 상황에서 어떤 변론을 하기 위해 보도가 글자 그대로 하나의 결정적인 반박 자료를 끄집어내는 일은 생길 수 없다. 왜냐하면 취미판단을 규정하는 것은 대상에 대한 객관적인 속성이 아니기 때문이다. 오도가 아무런 만족도 느끼지 않았다면, 그는 어떠한 긍정적인 취미판단을 내릴 수 없는 것이다. 여기서 칸트는 감상자로 하여금 대상이 아름답게 보이는 시야를 갖도록 하는 전략이 있는지에 관해 논의하지 않는다. 그의 생각에 따르면 보도의 의견 표명은 오도에게 그림이 아름답다는 것을 알도록 호소하는 것과 같은 의미이다. 비록 이러한 호소가 실제로 구체적이지 않더라도 보도는 자신의 타당성 요구를 철회하지는 않는다. 그는 다음과 같은 생각을 고수한다. 즉 그는 모든 사람들이 대상 표상의 형식에만 주목하고 인식능력의 관계에서 반성하거나 혹은 상상력과 오성의 작용에 의한 정조 상태를 느끼기만 한다면 자신의 판단에 대해 누구라도 동의할 것이라고 생각한다.

칸트는 미의 분석에 대한 네 번째 부분을 다음과 같이 요약 정리한다.

개념을 떠나 **필연적인** 만족의 대상으로서 인식되는 것은 **아름답다**.(A 67)

미의 분석에 대한 일반적인 주석

이 부분은 본질적으로 취미판단에 있어서 상상력의 역할에 관한 것이다. 글 초두에서 칸트는 취미에 대한 정의를 다시 한번 쓰고 있다. 그는 말하길, 취미판단이란

〔……〕 상상력의 **자유로운 합법칙성**과 관련해서 대상을 판단하는 능력이다.(A 67f)

어기서 **상상력**의 자유로운 합법칙성이라는 표현을 설명할 필요가 있겠다. 이러한 정식화는 취미판단에서 상상력이 완전히 자유롭지만은 않다는 상황을 고려한 것이다. 우리가 상상력이란

완전히 무제한적인 방식으로 오성의 규정과 아무런 관련을 맺지 않은 채 자의적인 형상들을 산출하는 것이라고 이해한다면, 그것은 완전히 자유로운 것인지도 모른다. 하지만 칸트는 그러한 경우에 상상력은 "있을 수 있는 직관들의 자의적인 형식의 원인"(A 68)으로서만 활동한다고 말한다. 그러한 무한한 상상력의 활동에 대한 예는 어떤 분명한 개념이나 해석들을 찾을 수 없는 꿈속에서나 볼 수 있다.

이러한 무제한성과 비교해볼 때, 취미판단에서의 상상력의 역할은 제한적으로 보인다. 왜냐하면 그것은 요소들의 통일로 특징지어지는 표상들을 통합시키기 때문이다. 이러한 통합은 오성의 개념과 관련되어야만 비로소 가능하다.

칸트는 상상력과 오성의 협동이 오성의 원리를 통해 강제적으로 이루어지는 것이 아님을 강조한다. 오히려 그러한 협동은 통합적인 직관과 오성개념들이 성공적으로 결합할 때에 가능하다. 이러한 의미에서 칸트는 상상력의 합법칙성이 자유롭다고 말한다.

이어지는 논의에서 칸트는 원, 정사각형, 정사면체와 같은 균형 잡힌 기하학적 형상이 묘사하는 상象들이 아름답다고 주장하는 것이 과연 옳은가라는 질문에 대해 말한다.

이것이 앞에서 논의한 생각과 어떤 관련이 있는지는 분명하다. '원', '정사각형', '정사면체'는 오성의 개념들이며, 그러한 기하학적 묘사는 16절[§16]의 의미로 볼 때 자유미의 예라기보다 기껏해야 부수미의 예로 취급될 수 있다. 칸트의 견해에 따르면,

기하학적 형상의 묘사는 취미판단의 의미에서는 아름답지 않다. 왜냐하면 취미판단은 대상 표상의 형식을 판단할 뿐이며 어떠한 대상에 대한 개념을 세우지는 않기 때문이다. 물론 칸트는 우리가 균형 있게 묘사된 기하학적 형상에 쾌를 느낄 수도 있음을 부정하지는 않는다. 그러나 이것은 오성개념에 근거하여 균형 잡힌 묘사에 만족을 느끼는 것이지, 아름다운 것에 대한 독특한 미적 만족과 관련이 있는 것은 아니다.[8]

이러한 논의와 관련하여 칸트는 다음과 같이 주장한다.

> (수학적 합법칙성에 가까운) 낯선 합법칙적인 것에는 모두 반反취미적인 점이 있다. 즉 그러한 것은 오랜 관조의 즐거움을 주기는커녕, 그것이 분명히 인식이나 일정한 실용적 목적을 의도로 하는 것이 아닌 한, 권태로움을 일으킨다.(A 71)[9]
>
> Alles Steif-Regelmäßige (was der mathematischen Regelmäßigkeit nahe kommt) hat das Geschmackswidrige an sich: daß es keine lange Untergaltung mit der Betrachtung dessdlben gewährt, sondern, sofern es nicht ausdrücklich das Erkenntnis, oder einen bestimmten praktischen Zweck zur Absicht hat, lange Weile macht.

---

8) "아무렇게나 그린 윤곽에서보다는 원형에서 더 만족을 느끼고, 경사진 부등변, 즉 일그러진 사각형보다는 등변과 등각 사각형에서 더 만족을 느끼는, 그러한 취미를 가진 사람이 있다고는 당연히 아무도 생각하지 않을 것이다. 왜냐하면 그것은 상식일 뿐, 취미와는 전혀 상관없는 것이기 때문이다."(A 69)

대칭적이며 균형 있게 형상화된 대상, 혹은 무리 없이 그려진 대상에 비유되는 예로 프랑스식 정원이나 영국의 시골 정원을 들 수 있다. 여기서 칸트는 특히 그림처럼 펼쳐진 아름다운 공원이나 풍성한 전원 풍경을 바라볼 때 주어지는 만족을 강조한다.

2. 숭고의 분석

칸트의 견해에 따르면 숭고崇高das Erhabene 개념은 미 개념에 대한 단순한 하위개념이 아니라 **독립적인 미적 범주로 간주되어야만 한다**. 이러한 이유에서 칸트는 『판단력비판』에서 숭고를 독립된 장으로 다루었던 것이다.

숭고에 대한 분석의 도입부에서 칸트는 서로 대조적으로 **구분**

---

9) 이 인용문에서도 칸트의 언어 사용은 문장 의미를 대략 이해하는 데에 장애가 된다. 오늘날 언어 사용에 따르면 다음과 같이 써야 어울릴 것이다. "Alles Steif-Regelmäßige, was der mathematischen Regelmäßigkeit nahe kommt, hat etwas Geschmackswidriges: es bietet keinen Anreiz zu längerer Betrachtung. Statt dessen langweilt es, wenn es nicht in Bezug zu Verstandesbegriffen gebracht oder mit praktischen Zwecken verbunden wird." 〔당시 칸트가 쓰고 있는 문장에는 오늘날의 독일어 문장에 비해 지나치게 부가 문장(daß, sondern, sofern 등)이 많기 때문에 독자는 긴 호흡으로 읽어야만 한다.〕

되는 미적 판단의 두 형식을 기술하고 있다. 즉 순수 취미판단("x는 아름답다")과 숭고에 대한 판단("x는 숭고하다")이 그것이다. 이 둘의 공통점은 미와 숭고 모두가 그 자체만으로 만족을 준다는 데 있다. 두 판단은 감각판단도 아니요 인식판단도 아니다. 오히려 그것은 반성판단으로 규정될 수 있다. 숭고에 대한 판단은 세계 내의 대상의 객관적 속성에 대해 어떠한 진술도 하지 않고, 대상과의 참조를 매개로 주체의 심의력의 관계를 규정한다. 숭고의 관점에서 보았을 때, 판단의 주체는 자신의 기분 상태를 반성한다. 칸트에 따르면 미에서와 마찬가지로 숭고에서도, 판단자의 상태는 일반화 가능하며 전달 가능하다.

이렇게 무수히 많은 공통점에도 불구하고 도대체 미와 숭고 사이의 본질적 차이가 무엇인지에 대한 문제가 자연스럽게 제기된다.

칸트가 지적하는 첫 번째 차이점은 미는 (자연미처럼) 대상의 형식과 관련 있다는 점이다. 여기서 형식은 자연의 아름다운 대상에 의해 제한된다. 이와 달리 숭고한 대상은 무정형적이고 무제한적으로 보인다. 형식 내지 형상은 질적인 특징에 의해서 파악될 수 있으며 무제한성은 양적인 규정에 의해서 파악될 수 있다. 이러한 점에서 칸트는 미에 대한 쾌가 질적인 표상과 관련 있는 반면, 숭고에 대한 쾌는 양적인 표상과 관련 있다(A 74)고 말하고 있다.

분량 개념에 대한 논의는 특히 25절[§25]에서 구체적으로 다루어지고 있다. 먼저 미와 숭고 사이의 차이점에 대한 두 가지 주석이 계속되고 있다.

1. 첫 번째로 언급한 것은 미에 대한 만족과 숭고에 대한 쾌 사이의 두드러진 차이에 관한 것이다. 칸트는 미가 직접 만족을 준다는 점을 다시 한번 환기시킨다. 우리는 인식능력을 통해 대상 표상의 형식적 합목적성을 생동감 있고 유쾌한 것으로 지각한다는 것이다.

이와 달리 숭고에 대한 쾌는 **간접적이고 중개된 쾌**이다. 이에 칸트는 다음과 같이 기술한다. 숭고에 대한 감정은

> 〔……〕 단지 간접적으로 분출되는 쾌인데, 즉 그러한 쾌는 생명력의 순간적인 멈춤에 의해, 그리고 이에 잇따라 점차로 강해지는 생명력의 분출 감정에 의해 생겨난다. 〔……〕(A 74)

이 인용문은 아래에서 더 잘 이해될 수 있다. 이미 분명해진 사실은 "숭고하다"는 말이 "아름답다"와는 달리 혼합된 감정과 결합되어 사용되는 술어라는 점이다. 때론 분명히 숭고에 대한 쾌는 독특한 방식으로 불쾌의 감정과 연결되어 있다. 이에 칸트는 숭고에 대한 쾌를 "부정적 쾌"(A 75)로 간주할 만하다고 말한다.

2. 두 번째 설명에 따르면 우리는 아름다운 대상을 그 형식의 합목적성에 비추어 다룬다. 하지만 숭고의 대상은 전혀 다르다. 여기서 대상은

> 〔……〕 형식상 〔……〕 우리의 판단력의 목적에도 위배되고 우리의 기술記述 능력에도 적합하지도 않으며 마치 상상력에 대해 폭력적인 것처럼 보이기까지 한다. 〔……〕(A 75)

이러한 상황으로부터 칸트는 특정한 대상을 숭고하다고 하는 것은 적절하지 않다고 지적한다.

> 〔……〕 우리들은 우리들이 자연의 많은 대상들을 아름답다고 부르는 것은 정당하지만, **자연의 그 어떤 대상**을 숭고하다고 부르는 것은 흔히 부당한 표현이라고 하는 사실을 알게 된다. 〔……〕(A 75)

미의 분석과 비교해볼 때 여기서는 칸트가 '숭고하다'라는 술어가 대상의 특징에 대한 직접적인 표현이 아니라는 점을 강조하고 있음에 주목하자. 물론 미에 있어서도 판단은 직접 대상과 관련하지 않았다. 그렇다면 칸트가 일관성 없이 글을 쓰고 있든가 아니면 미와 숭고의 대상 관련성의 형식에 불분명한 차이가 있든가 둘 중의 하나이다.

'숭고하다'라는 표현이 대상에 대한 어떠한 속성을 가리키는 것이 아니라면, 대체 이것을 어떻게 이해해야 할까? 대상이 숭고한 것이 아니라, 규정된 이성 이념이 숭고한 것이다.[10] 특정한 대상이

---

10) 칸트의 의미에서 이성 이념은, 예컨대 도덕적 선, 자유 혹은 신에 대한 표상을 말한다.

[어떠한 표현으로도] 적합하지 않고 목적에 위배된다는 점을 고려했을 때, 주체는 이성 이념을 이끌어냄으로써 외적 세계의 위압을 극복해간다.

> [……] 본래의 숭고란 감성적 형식에 포함될 수 있는 것이 아니라, 이성의 이념들에만 관계하는 것이다. 그런데 비록 이념에 적합한 현시는 가능하지 않지만 바로 부적합성이 감성적으로 현시됨으로써 이성의 이념들이 환기되고 심의心意 속으로 소환되는 것이다.(A 76)

이어지는 문맥은 칸트가 어떤 경우를 숭고 개념이라고 이해했는지, 그리고 이 개념을 통해 이성 이념을 어떤 의미로 이해했는지 등에 관해 보다 분명하게 보여주고 있다.

> 그래서 폭풍우로 높은 파도가 일고 있는 망망대해는 숭고하다고 부를 수 없다. 그것을 보고 있노라면 두렵다. 그리고 그와 같은 직관에 의해서 심의는 감성을 내다 버리고 보다 높은 합목적성을 내포하고 있는 이념[*이성 이념]과 관계를 이루도록 자극을 받음으로써 그 스스로 숭고한 감정을 가지게 된다. 이에 우리는 미리 여러 가지 이념으로 심의를 가득 채워두지 않으면 안 되는 것이다.(A 76)

칸트에 따르면 숭고는 일단 "[……] 혼돈스럽거나 가장 거칠고 불규칙적인 무질서와 황량함[……]"(A 77)과 같은 **자연을 바라**

봄으로써 지각된다.

　미적 판단의 개념 규정에 대한 서두 부분의 설명과 인식판단과 감각판단 사이의 예리하고 분석적인 구분을 염두에 두었을 때, 칸트의 이러한 생각은 적어도 다음과 같은 난제를 안고 있다. 이를테면 숭고가 결정적으로 이성의 이념에 의해 규정되고 이때의 감각 지각이 더 이상 그 이념을 "작동시키는" 충동이 되지 않는다면, 숭고에 대한 판단은 일종의 순수한 미적 판단이 아닐 수도 있다.

　여기까지의 미나 숭고에 대한 분석에서 의문시되는 판단력 개념에 대해서는 칸트 스스로도 본격적으로 다루지 않았다. 하지만 지금까지의 논의의 맥락에서 우리는 숭고에 대한 판단도 미적 판단이라는 것에 대한 모든 근거를 추측해야 한다. 그와 함께 우리는 하나의 딜레마에 빠지게 되는데, 즉 숭고에 대한 판단이 미적 판단이라면, 칸트가 어떻게 숭고에 대한 이성 이념의 결정적인 의미를 정당화할 것인가 하는 문제이다. 그러한 가정이 틀린 것으로 밝혀진다면, 칸트가 미적 판단력비판에서 미와 관련지어 왜 숭고 일반을 문제시했는지 모호해진다.

　칸트는 '미적 판단력비판'의 두 번째 부분인 숭고의 분석이 미에 대한 분석의 일정한 부분을 넘겨받을 수 있다고 주장한다. 이것은 판단의 분류나 분량(보편타당성), 성질(무관심성), 관계(주관적 합목적성) 그리고 양상(필연성)에 대한 규정에서도 마찬가지로 적용된다.

여기서 칸트는 숭고를 분류하려는 의도를 보인다. 그는 두 개의 하위개념으로서 수학적 숭고(§§25~27)와 역동적 숭고(§§28~29)를 든다. 수학적 숭고에서는 상상력이 인식능력과 관계하는 반면, 역동적 숭고에서는 주체의 욕구 능력과 관계한다. 칸트가 이러한 개념의 의미를 어떤 식으로 상세히 논의하고 있는지 아래에서 살펴보도록 하자.

수학적 숭고(§§25~27)

칸트는 수학적 숭고 개념을 **크기 개념**에 대한 일반적인 논의와 함께 도입하고 있다. 여기서 그는 크기에 대한 규정이 측정되는 대상과 측정 도구 사이를 비교하는 방식으로 기술될 수 있다고 강조한다. 측정 시에 두 크기를 비교하는 것이 관건이기 때문에, 측정 절차는 절대적인 크기가 아니라 언제나 상대적인 크기만을 진술한다. 자연 대상들의 크기는 언제나 상대적이다. 우리는 각각 주어진 대상을 넘어서는 크기의 대상들을 얼마든지 생각할 수 있다. 실제로 우리는 직접 측정할 수 없는 대상들을 얼마든지 볼 수 있다. 하지만 이것은 측정 기법의 문제이지 측정 자체의 한계나 불가능성의 문제는 아닐 것이다.

이상적으로 무제한적인 크기 측정을 생각해볼 수는 있지만, 절대적인 크기에 대한 표상 같은 것은 있다. 언뜻 이것은 모순인 것처럼 보인다. 즉 크기 측정이 의미하는 바가 다른 것과의 관계로 간주되고 측정 절차에 어떠한 원칙적인 제한이 없다면, 크기는 언제나 상대적인 개념이 아닌가 하는 점이다.

그럼에도 불구하고 칸트는 절대적 크기 개념이 있을 수 있다고 주장한다. 그는 절대적 크기를 말하면서 우리가 시공간적으로 직관적인 대상의 속성을 생각해서는 안 된다고 말한다. 그 대신 절대적 크기에 대한 언급은 우리의 상상력과 이성 사이의 관계에 비추어 보아야 한다고 한다.

이에 따라 절대적 크기는 직접적으로 대상과 관련된 술어라기보다 결정적으로 우리의 이념〔이성 이념〕과 관련 있는 표현이다. 그러면서 보통 우리는 어떠한 절대적 크기를 보지 않고 단지 다른 사물과의 관계에서 그 크기를 설정해놓을 수 있는 대상들만을 본다. 이러한 방식으로 우리는 절대적 크기를 측정하지 않고 상대적인 크기만을 측정하게 된다. 그러나 숭고의 경우에 우리는 절대적 크기를 생각할 수 있다.

> *숭고란 그것과 비교해서 다른 모든 것이 작은 것을 말한다.*(A 83, 부분적으로 원문을 수정함)

> *숭고란 그것을 단지 사고할 수 있다는 것만으로도 감관의 모든 척도를 초월하는 어떤 심의력이 있다는 증거가 되는 것을 말한다.*(A 84, 부분적으로 원문을 수정함)

원칙적으로 크기에 대한 수학적 규정은 어떠한 최대 값을 갖지 않는다. 우리는 어떤 한계에 도달하지 않고도 주어진 숫자에 이론적으로 얼마든지 더 큰 숫자를 붙일 수 있다. 그러나 크기에 대한 미적인 이해에서 그것은 곧 한계에 도달한다. 여기서 칸트는 크기에 대한 미적 이해에 두 가지 계기가 있음을 지적한다. 즉 (1) 파악 apprehension과 (2) 미적인 개요comprehensio aesthetica가 그것이다.

크기에 대한 미적인 파악이 제한된다는 것은 상상력이 대상의 전체 상에 대해 단지 계열적으로만 감각 직관을 구성할 수 있는 상황에 놓여 있다는 것이다. 다시 말해 관련된 표상군表象群의 양이 일정한 범위를 넘어서게 된다면, 연속적인 개요는 더 이상 불가능하다. 이러한 경우에 판단의 주체는 자신의 인식능력에 대해 대상 표상이 적합하지 않음을 지각할 수 있다. 그 예로 칸트는 로마의 베드로 성당을 방문한 방문객이 전하는 인상을 들고 있다. 그 건축물의 자태는 너무도 압도적이어서 건물 안으로 들어가면 내부의 전경을 한꺼번에 바라볼 수 없을 정도이다. 말하자면 방문객은 전체성 이념에 대한 상상력이 적합하지 않음을 느낀다.

이에 대해 칸트가 들고 있는 또 다른 예는, 어느 등산객이 무성한 숲 속에서 나오자 갑자기 자기 앞에 깊은 골짜기가 가로놓여 있어 그러한 광경을 미처 예상하지 못한 나머지 심하게 놀라는 경험을 한 경우이다. 시선은 모든 정향을 잃고 어떤 의미에서는 무한한 공간으로 추락해버린다.

이러한 상황에서 핵심은 우리의 상상력에 비추어 그 대상이

〔우리의 감각 직관으로 담기에는〕 적합하지 않다는 감정이 어떤 만족과 관련이 있다는 점이다. 그러한 만족이 어디서 기인하는지에 대해 칸트는 여기서 설명하지 않고 다만 다음과 같이 주장한다. 그가 언급한 그러한 부적합성에서는 "크기 측정에서 판단력에 대한 표상의 주관적 비합목적성"(A 87)이 문제라는 것이다.

이러한 정식화는 미의 분석의 세 번째 계기를 연상시킨다. 즉 거기에서는 판단을 결정하는 대상 표상의 주관적 합목적성이 언급되었다. 요컨대 미와는 달리 숭고는 표상들의 특정한 비합목적성과 관련이 있다.

칸트가 언급한 **전체성 이념**Idee des Ganzen에 대해서는 글자 그대로 이해해야 하는데, 이것은 직관에 상응하는 오성개념과는 아무런 관련이 없다. 오히려 전체성 내지 총체성 이념은 더 이상 어떤 개별적인 직관에는 적합하지 않은 이성의 사고이다. 예컨대 무한히 연장되는 공간은 결코 직관적으로 전체성이 표상될 수 없다. 내 앞에 직관적인 표상으로 떠오르는 것은 제각기 제한된 공간들일 뿐이다.

한편으로는 직관과 그에 상응하는 개념의 분화가, 다른 한편으로는 이성 이념이 숭고 개념을 이해하는 데에 결정적인 의미가 된다. 왜냐하면 우선 숭고는 다름 아닌 특정한 대상의 관점에서 실현되는 지식인데, 거기서 어떤 것이 감각으로부터 벗어나기 때문이다. 무언가가 너무 압도적이고 거대하다면, 그것 전체는 상상력을 통해서 한꺼번에 파악될 수 없는 것이다.

계속해서 칸트는 모든 현상을 완전히 파악하는 것이 이성의 기본 욕구라는 전제하에서 논의를 전개한다. 우리가 숭고의 관점에서 이러한 요청에 부응하려 한다면 대체로 실패하게 된다. 그 실패는 한편으로 부적합성을 느낌으로써 유쾌하지 않은 면도 있지만, 다른 한편으로 숭고는 어떤 쾌와 결합한다. 칸트의 설명에 따르면 여기서는 계열성(즉 처음엔 불쾌, 그 다음엔 쾌)이 문제가 아니라 쾌와 불쾌의 동시성이 문제이다.

> 숭고의 감정은 〔……〕 크기에 대한 미적 평가에 있어서 상상이 이성의 평가에 적합하지 않은 데에서 일어나는 불쾌의 감정임과 동시에, 또한 우리가 이성 이념에 도달하려는 노력을 법칙으로 하는 한 최대의 감성적 능력도 부적합하다는, 바로 이러한 판단이 이성 이념들과 일치하는 데에서 일어나는 쾌이다.(A 96)

물론 우리는 이성 이념들이 경험의 영역을 넘어선다는 점을 잘 안다. 그러한 점에서 우리가 전체성을 직관적으로 현시할 수 없음은 어떤 비극적인 실패라기보다 극히 정상적인 일이다. 이러한 경험이 유쾌할 수 있는 이유는 그것이 직관과 오성에 치우쳐 있는 우리를 다시금 이성 이념으로 환기시켜 방향을 잡아주기 때문이다.

이제 칸트는 숭고 감정의 속성을 규정하기에 이른다.

숭고 감정의 **성질**은 그 감정이 어떤 대상에 대한 미적 판단 능력과 관련해 일어나는 불쾌의 감정이지만, 그 불쾌는 동시에 그 점에서 합목적적인 것으로 표상된다. 그리고 이러한 것이 가능한 것은, 주체 자신의 무능력이 바로 동일한 주체의 어떤 무제한적인 능력의 의식을 드러내며, 또 심의는 그 무제한적인 능력을 오직 자신의 무능력에 의해서만 미적으로 판단할 수 있다는 사실에 의해서이다.(A 99)

여기서 칸트가 말하고 있는 무제한적인 능력이란 절대적인 전체성의 이념을 묘사할 수 있는 이성의 능력을 말한다. 전체성은 오성개념이나 감각 대상이 아니다. 그것의 크기로 인해 우리가 오성과 상상력의 한계를 의식하게 해주는 표상들은 전체성이라는 이성 이념으로 소급된다. 그러한 점에서 이러한 표상들은 주관적-합목적적인 것으로 간주될 수 있다. 다시 말해 이러한 표상들은 이성에 비추었을 때 주관적-합목적적인 것이다.

역동적 숭고(§§28~29)

칸트는 **위력**Macht과 **강제력**Gewalt 개념을 설명하면서 숭고의 두 번째 유형을 논의하고 있다. 위력이란 거대한 장애물을 압도할 수 있는 능력으로 규정된다. 한편 강제력은 위력이 고양된 형식이다. 칸트는 이 두 개념과 미적 판단이라는 주제 사이의 관련성을 이끌어내면서 다음과 같이 말하고 있다.

미적 판단에 있어서 자연이 우리에게 강제력을 가지지 않은 위력으로서 고찰될 때, 그러한 자연은 **역동적으로 숭고한** 것이다.(A 101)

이 주장의 정확한 의미와 그에 대한 정당화는 논의 과정에서 차츰 분명해진다. 일단 지금까지 분명한 점은 여기서 말하고 있는 숭고의 개념이 수학적 숭고와는 전혀 다르다는 것이다. 첫 번째 유형의 숭고 개념과 달리 역동적 숭고에서는 관찰자의 감정적 반응이 더욱 깊이 다루어지고 있음에 틀림없다. 역동적 숭고에서 나타나는 정서는 일종의 두려운 감정이거나 아주 특별한 형식의 **공포**이다. 일반적으로 우리가 공포를 느끼는 경우는 무력감에 휩싸이거나 마주하는 대상이 우리를 압도할 때이다. 하지만 이러한 기본적인 형식의 공포는 숭고와 직접 관련이 없다. 이는 다음과 같은 이유에서 곧 분명해진다. 즉 숭고의 맥락에서 관찰자는 쾌를 느낀다고 하는데, 그렇다면 아주 기본적인 의미에서 공포를 느끼는 사람이 어떻게 동시에 쾌의 감정을 느낄 수 있는지 알 수 없다. 예를 들어 겨울철 스키를 타고 있는데 눈사태가 나를 덮치려 한다면, 나는 공포감에 휩싸이고 이내 경악할 것이다. 그런데 여기에 쾌 내지 쾌감이 실제로 끼어드는 것일까?

숭고에서 이 두 감정, 즉 공포와 만족이 어떤 역할을 하는지를 설명하기 위해 칸트는 다음과 같은 생각을 풀어놓는다.

그러나 우리는 어떤 대상**에 대하여** 공포를 느끼지 않고도 그 대상을 **두려운 것**으로 간주할 수 있다. 즉 우리는 대상을 판단하되 단지 우리가 그 대상에 일단 저항이라도 하는 경우를 **생각해**보고, 또 그 경우에 모든 저항이 완전히 허사가 되리라고 상상해보면 된다.(A 101)

칸트가 여기서 주장하는 것은 우리가 실제 상황과 일어날 가능성이 있는 상황을 구별한다는 점이다. 요컨대 오직 **일어날 가능성이 있는** 자연력의 위협에 대한 **표상만이** 쾌의 감정과 결합될 수 있다는 말이다. 이러한 주장에는 여전히 정당화가 요구되는데, 왜냐하면 예컨대 스키를 타다가 눈사태에 매몰될 것이라는 표상이 어떤 이유로 쾌가 될 수 있는지 불분명하기 때문이다. 칸트는 자신의 주장을 먼저 예를 들어 기술한 다음, 이 문제에 대한 첫 번째 해결책을 다음과 같이 제시한다.

매우 높이 솟아 있어서 방금이라도 내려앉을 듯한 험준한 절벽, 번개와 우레를 동반하고 서서히 다가오는 하늘 높이 피어오른 먹구름, 맘껏 파괴력을 자랑하는 화산, 폐허를 남기고 가는 태풍, 파도가 울렁거리는 끝없는 대양, 힘차게 흘러내리는 높은 폭포 등과 같은 것들이 지니는 위력과 우리들의 저항 능력을 비교해보았을 때, 우리의 능력은 보잘것없이 작게 느껴진다. 그러나 우리가 안전한 곳에 있기만 한다면, 그러한 광경은 우리가 그것을 두려워할수록 더욱 우리를 매혹시킬 뿐이다. 〔……〕(A 102f)

공포스러운 것들에 끌리는 것을 어떻게 설명할 수 있을까? 그에 대한 대답은 다음과 같이 간단하게 말하는 것으로 충분하지 않을까? 즉 두려움이 단지 표상되기만 할 뿐 실제 상황은 아니라는 것이 결정적이다. 우리는 그러한 자연에 의한 재난으로부터 실제로 해를 입지 않는다는 사실에 기뻐하고 홀가분함을 느낀다. 여기서 쾌는 바로 우리 자신의 안전에 대한 쾌이다. 이렇게 얻어지는 쾌의 유형은 실제로 있다. 추측컨대 어떤 텔레비전 시청자들이 화면에 나오는 폭풍우, 지진, 화산 폭발 혹은 폭력 장면 등을 보면서 그런 느낌을 경험한다.

고속도로에서 일어난 대형 사고를 나 몰라라 물끄러미 구경만 하면서 구조 작업 자체를 방해하기까지 하는 "방관자"들처럼, 자신의 안전에서 오는 쾌가 강 건너 불 구경하는 것과 구별이 안 된다면, 그러한 태도는 큰 거부감을 줄 수 있다.

하지만 칸트는 개인의 안전에 기반을 둔 단순한 즐거움과는 전혀 다른 어떤 것을 염두에 두고 있다.

만족은 순간적인 상황에서의 안전에만 관련된 것은 아니라는 것이다. 칸트의 생각에 따르면 역동적 숭고는 우리가 스스로를 단순한 물리적 생명체만이 아니라는 것을 의식한다는 의미이다. **자연 존재로서의 인간과 이성 존재로서의 인간 사이의 구분은 칸트의 역동적 숭고 개념을 이해하는 열쇠가 된다.** 물리적 존재의 절멸 絶滅에 대한 표상은 "전혀 다른 방식으로 저항하는 능력"(A 103)으로 우리의 관심을 유도한다. 우리는

> 또 하나의 다른 비감각적 척도를 지니고 있는데, 〔……〕 이 척도에 비하면 자연에 있는 모든 것은 작으며, 우리는 우리의 심의로는 헤아릴 수 없이 광대한 자연 그 자체를 능가하는 탁월성〔……〕(A 103)

을 얻는다. 칸트가 주장하는 핵심적인 사실은 이성을 구비하고 있는 생명체로서 인간이 자신의 물리적 존재로부터 그리고 본능에 따른 자기 유지로부터 스스로 일정한 거리를 유지할 줄 안다는 점이다. 오직 인간만이 자연 존재로서의 자기 절멸에 대해 두려움을 표상하면서도 결코 자신의 완전한 절멸을 생각하지 않는 능력이 있다. 칸트는 인간의 "자연에 대한 우월성"을 역설하고 또한 "우리 밖의 자연에 의해 공격당하고 그로 인해 위험에 처하게 되는 것과는 〔……〕 전혀 다른 방식의 자기 유지 〔……〕"(A 103f)를 강조한다. 물론 자연에 대한 이러한 우월성이 아주 치명적인 천재지변까지도 극복해주는 실제적인 능력인 것은 아니다. 오히려 우월성이란 그러한 사건을 감수하면서도 상대화할 줄 아는 정신적 강인함이다. 역동적 숭고가 의미하는 바는

> 〔……〕 우리가 배려하고 있는 것(재산, 건강, 생명)을 작은 것으로 간주하는 〔……〕 힘이며, 따라서 그것〔자연〕의 위력을 (우리가 상술한 사항들에 관해서는 물론이고 그 위력의 지배를 받고 있음에도 불구하고) 우리에 대해서, 그리고 우리들의 인격에 대해서 최고 원칙을 고수하느냐 폐기하느냐가 문제될 경우에 우리가 굴복해야만

> 하는 강제력이 아니라고 간주하는 힘이다. 〔……〕(A 104)

이에 따라 숭고는 개별 대상의 속성이라기보다 물리적 존재의 위협을 인식하고 자신을 굳건한 금욕주의로 무장하게 하는 인간 지성의 능력이다.

> 결국 자연이 〔……〕 숭고하다 함은 단지 그것이 표현을 위한 상상력을 고양시키기 때문이다. 그 경우에 심의는 그러한 규정의 고유한 숭고를 〔……〕 스스로 느끼게끔 해준다.(A 104)

숭고에 대한 분석의 말미에서 칸트는 모든 인간이 느낄 수 있고 모든 관찰자가 예측할 수 있는 숭고에 대한 쾌가 도대체 필연적인 만족인가라는 질문을 던지고 있다.

우리가 미에 대한 분석을 회고해보면 그 본질적인 차이가 분명히 드러난다. 말하자면 미에 대한 만족은 대상 표상에 대한 직접적인 쾌이다. 예를 들어 나는 창밖으로 펼쳐진 들판을 보거나 아침 햇살이 비치는 호수를 볼 때면 어떠한 숙고 없이도 이러한 광경에 만족을 느낀다. 칸트에 따르면 이러한 쾌는 일차적으로 대상의 형식 및 우리의 지성에 대한 대상의 합목적성에 기초하고 있기 때문에, 이때의 쾌 감정은 아무런 문제없이 일반화가 가능하고 전달 가능하며 또한 필연적인 것으로 간주될 수 있다.

한편 숭고에 대한 쾌는 대상 표상에 직접 기초하고 있지 않다.

심지어 이것의 대상 표상은 불쾌의 감정과 연결되어 있다. 말하자면 쾌는 이성의 특정한 이념의 활성화에 기반을 두고 있다. 이성은 우리에게 어떤 전망을 제공하는데, 그 안에서 우리는 스스로를 더 이상 자연 존재로 여기지 않고 우리를 그 자연의 모든 왕국으로부터 거리를 두게 해주는 자율성과 자유를 사용할 줄 안다.

따라서 숭고의 감정에 중요한 지위를 부여하는 삶의 형식은 진보된 **이성**의 **문화**를 소유하고 있는 셈이다.

하지만 칸트는 그렇다고 해서 모든 인간들에게 한결같이 그러한 전망이 있다는 것을 기대할 수는 없다고 주장한다. 이를 위해서는 이성 이념의 계발과 훈련이 필요하다고 한다. 만일 우리가 삶의 조건에서 언제나, 그리고 오로지 자연 존재로서 아주 기본적인 욕구들(의식주)만 도모할 수밖에 없는 상황에 처해 있다면, 우리는 자신에게 부여된 잠재적인 이성 능력을 훈련하고 다룰 수 있는 기회를 전혀 얻지 못하게 된다. 이에 대한 예로 칸트는 사보아Savoyer 지방〔알프스산맥 인근의 프랑스 지명〕에 사는 어느 농부의 다음과 같은 반응을 들고 있다. 그 농부는 숭고한 알프스의 경치에 탄복하고 있는 관광객들을 "〔……〕 아무런 생각도 없는 머저리들 〔……〕"(A 110)이라고 불렀다. 그 이유는 분명하다. 농부는 그 험준한 산의 위험을 알고 있었던 것이다. 즉 그는 이 숭고한 산이 인간에겐 치명적일 수 있음을 알고 있으며, 동시에 그에 대한 경험이 전혀 없는 관광객의 열광적인 탄복에는 의혹의 눈길을 보내는 것이다.

여기서 칸트는 숭고에 대한 미적 판단이 오직 몇몇의 삶의 형식에만 적합한 것은 아닌지, 그리고 미적 판단이 그러한 삶의 형식으로 제한되는 타당성 주장만을 하는 것은 아닌지에 대해 질문한다. 만약 이에 대한 대답이 긍정이라면, 숭고에 대한 판단은 미에 대한 순수 취미판단과 근본적으로radikal 구분될 것이다.

하지만 실제로는 칸트는 숭고에 대한 판단과 관련지어 이에 부정적인 대답을 하고 있다. 그는 다음과 같이 말한다. 본질은 바로 원칙적으로 모든 인간들이 이성을 구비·사용할 것이기 때문에 잠재적으로 숭고의 관점을 지니고 있을 것이라는 사실에 있다.

> 하지만 자연의 숭고에 대한 판단이 (미에 대한 판단 이상으로) 문화를 필요로 한다고 해서, 그것으로부터 저절로 문화가 창조되고 사회적 관습에 합당한 어떤 것이 도입되지는 않는다. 오히려 그것〔*숭고에 대한 판단〕의 기초는 인간의 본성Natur 〔……〕, 즉 (실천적인) 이념에 대한 감정의 소질에 있는 것이다. 〔……〕(A 110)

이어지는 설명에서는 자율성과 자유와 관련된 이념에서 실천적 이념이 문제라는 중요한 결론이 미리 나오고 있다. 우리는 이러한 내용상의 전환에 주목할 필요가 있다. 칸트는 미의 분석에서는 순수한 미적 판단을 다른 것과 구분시키는 데에 중요한 의미를 두었다. 반면에 숭고의 분석에서는 이성 이념이 중심이기 때문에 그것이 전혀 불가능하다. 미적 판단력비판에 대한 이어지는 논의에서는 개별 인식능력들 사이의 결합에 더 중요한 의미가 부여된다. 거기서 칸트는 주로 미적 경험과 도덕적 태도 사이의 관계에 관심을 둔다.

반성적인 미적 판단에 대한 일반적 주석

'주석'은 단순한 부차적인 부연 설명 이상의 것이다. 왜냐하면 칸트는 주석에서 자신의 새로운 주장을 다시 한번 상세히 논의하고 있기 때문이다.

첫 번째 논의 주제는 미적인 차원과 선善이라는 이성 이념 사이의 결합에 관한 것이다.

이 결합의 특징은 이성 이념들(선, 신, 자유)이 결코 직관의 대상이 아니라는 점이다.

칸트는 일차적으로 숭고는 우리에게 이성 이념이 직관과 근본적으로 차이가 있음을 의식하게 해준다고 주장한다. 비록 부정적인 형식이긴 하지만, 그것으로 이성 이념들을 의식하게 해주는 한 숭고에 대한 미적 경험은 이성을 위해서도 의미가 있다.

칸트가 다루고 있는 두 번째 주제는 동시대 다른 학자들과 비교한 자신의 이론적 위치에 관한 것이다. 칸트는 당시 예술이론에서 중요한 역할을 하고 있었던 논쟁에 스스로 관여하고 있었다. 즉 숭고의 개념 범주는 당시 많은 이론가들이 이미 분석한 바 있었으며 이 개념은 18, 19세기의 무수히 많은 예술 작품들을 설명하는 데 매우 유익하다.

칸트의 숭고 개념이 그 이전 이론들과 결정적으로 다른 점은 칸트는 숭고에 선험적인 분석을 도입해야 한다고 주장했다는 것이다. 칸트가 선험적 분석이라고 했을 때 그것이 무엇을 의미하는가는 이미 미의 분석에서 살펴본 바 있다. 즉 거기서 **선험적 분석**이란 경험적으로 주어진 개별 대상을 연구하는 것이 아니라 우리의 경험 가능성의 조건 자체에 대해 심층적으로 질문하는 것이다. 이때 순환논법을 피하기 위해서 그러한 조건들은 경험의 대상 자체여서는 안 된다.

따라서 숭고에 대한 선험적 연구는 어떤 대상들이 숭고한 것으로 체험되거나 거기서 개인이 숭고의 감정을 느낀다라는 식으로 특정한 개별 사례를 기술하는 것이어서는 안 된다. 그렇게 되면 분석이 충분히 심층적으로 이루어지지 못해 다양한 종류의 사례들이 서로 공유하는 고유한 논리를 알 수 없다.

칸트는 이러한 비판적 의미에서 선행 연구자들의 작업을 "단순한 경험적 설명"(A 127)으로 간주한다. 그는 무수히 많은 이론가들 가운데서도 유독 그가 이전 저작에서 이미 언급한 바 있는 영국 철학자 버크E. Burke만을 거론하고 있다.[11] 버크는 개별 관

---

11) 버크의 저작으로 1757년 런던에서 출간된 『숭고와 미의 관념의 기원에 대한 철학적 탐구A Philosophical Enquiry into the Origin of Our Ideas of the Sublime and Beautiful』의 독일어 번역판인 E. Burke, *Vom Erhabenen und Schönen*, Hamburg, 1980이 있다.

찰자가 숭고한 대상을 볼 때 가지는 반응들을 자세히 기술한 것으로 유명하다. 여기서 그는 세세한 육체적 반응들을 규정하는 것으로 간주되던 다양한 생리학적 기술 언어들을 활용했다.[12] 물론 칸트도 그러한 경험적인 관찰들이 흥미로울 수 있음을 부정하지는 않는다. 하지만 결정적으로 그는 모든 사람들이 특정한 조건하에서 숭고의 감정을 동일하게 느낄 수 있다는 식의 설명으로는 부족하다고 지적한다. 그 대신에 칸트는 대상 표상과 이성 이념 사이의 결합에서 숭고에 대한 **선천적인 원칙**Prinzip a priori을 찾았다고 믿었다. 반면에 버크와 그의 제자들은 경험적인 과정을 기술하는 데에 그쳤다는 것이다.

칸트는 이러한 두 가지 관점의 차이를 분명하게 지적하면서 숭고의 분석에 대한 결론을 내린다.

이에 따라 숭고 개념은 다음과 같이 요약될 수 있다. 이미 앞에서 칸트는 숭고의 형식을 두 가지로 나눈 바 있다.

1. 수학적 숭고는 그 크기가 너무 거대해서 정확한 측정이 불가능할 뿐만 아니라 우리의 상상력으로 종합이 불가능한 직관 대상과 관련된다. 이렇게 상상력과 오성이 표상의 다양성을 종합할 수 없다는 점에서 이성이 작동하게 된다. 이를 통해 표상은 전체성의 이념과 관련을 맺게 된다.

2. 역동적 숭고는 너무 위압적이어서 우리를 파멸시킬 정도로

---

12) 버크에 대한 칸트의 인용은 A 127을 참조하라.

위협한다. 여기서는 상상력이 표상을 전달하면서 그 통합을 이루지 못한다는 것이 문제가 아니라, 오히려 우리의 물리적 존재를 위협하는 대상의 표상군이 문제이다. 이 경우에 주체는 실천이성의 이념으로 달아난다. 한편 실천이성의 이념에 비추었을 때, 물리적 존재의 의미는 결코 절대적인 것으로 보이지 않는다. 결국 절멸은 이성 이념으로부터 위로를 받으며 보상되는 셈이다.

수학적 숭고가 미와 마찬가지로 관심과 아무런 관련이 없는 반면, 역동적 숭고는 **실천이성의 이념**에 대한 관심과 내적으로 결합되어 있다.

칸트가 숭고에 대한 예로 들고 있는 것이 일차적으로는 자연물이긴 하지만, 예술 작품도 숭고하다는 점을 배제하지는 않는다. 그는 숭고한 예술 작품이 미와 결합되어 있음에 틀림없다고 말한다. 하지만 그는 이 독립된 두 범주들이 왜 결합되는지에 대해서는 상세히 다루지 않는다.

3. 순수 미적 판단의 연역(§§30~42)

미와 숭고에 대한 분석에는 미와 숭고의 판단을 할 때 제각기 기본적인 요소가 무엇인지를 보여야만 한다는 새로운 과제가 있다. 하지만 그러한 판단 형식들이 특정한 타당성 요구를 어떻게 정당화할 것인가 하는 질문은 보류된다. 다만 거기서의 분석은 판단의 형식들을 그 기본적인 구성 요소로 분해하는 것으로 이해된다. 이때 다음과 같은 질문이 제기된다. 즉 "x가 아름답다" 혹은 "y가 숭고하다"라고 할 때, 그것은 무엇을 뜻하는가?

연역의 과제는 분석을 기초로 하여 미적 판단이 그 타당성 요구에 대해 정당성을 제기할 수 있는지를 연구하는 것이다. 말하자면 미적 판단들이 관계하고 있으면서 그러한 판단의 정당성의 근거인 기본 명제, 즉 선천적 원칙에 대해 질문하는 것이다. 따라서 연역의 질문은 "'x가 아름답다'라는 말은 무엇을 의미하는가"가 아니라 "'x가 아름답다'와 같은 판단에 대한 보편적이고 필연적인 동의를 요구하는 것이 어떻게 정당화될 수 있는가"이다.

연역을 시작하면서 칸트는 특히 이 두 종류의 미적 판단, 즉 미에 대한 순수 취미판단과 숭고에 대한 판단에 대해 연역과 같은 논리적 접근이 가능한가라는 질문을 다룬다. 미에 대한 판단과 관련해 칸트는 연역이 가능하며 필연적이라고 주장한다. 여기서 대상의 형식은 주관적-합목적적인 것으로 판단되며 이러한 판단을 선천적으로 정당화하는 원칙이 무엇인지에 대한 해명이 가능하다는 것이다.

이와 반면에 숭고에 대해서 칸트는 연역을 배제한다. 그는 이 판단은 겉으로는 대상을 지시하는 것처럼 보이지만 실제로는 자신의 인식능력에 대한 주체의 자기반성적 판단이라고 주장한다. 특히 주체는 자신의 이성 이념을 확신한다. 이런 조건인 한 숭고를 분석한다는 것은 판단자가 숭고와 관련해서 자신의 이성 능력을 의식한다는 사실을 지적함으로써 이미 정당성이 주어진 셈이다. 여기서 의미 있는 이성 이념들은 보편적인 것으로 간주되므로 더 이상의 고차원적 원칙으로부터 연역될 수는 없다. 즉 이성 이념은 이미 인지적 능력 가운데 최고의 위치에 있는 것이다.

흔히 연역이 요구되는 경우는 필연성을 추구하면서 판단을 이끌기 위해 상위에 있는 선천적 원칙에 의존하는 것이 가능할 때이다.

하지만 취미판단의 논리는 복잡하여 이론적 인식의 판단 논리와 동일하지도 않으며 아울러 실천이성과도 다르다. 따라서 연역은 다음의 두 가지 질문에 대해 해명해야 한다.

1. 개념적인 논의에 근거하지 않은 개별 판단이 어떻게 선천적인 보편타당성을 요구할 수 있는가?

2. 우리가 엄밀한 의미에서 판단의 타당성에 대해 증거를 제시할 수 없을 때, 그 판단에 대해 다른 모든 사람들의 동의가 필연적이라고 여기는 것이 가능한가?

칸트는 이 문제에 대해 어떠한 직접적인 대답을 하지 않는다. 오히려 그는 우선 취미판단이 자율적이라는 주장에 대해 논한다. 이때의 **자율성**이란 취미는 독자적이며 다른 능력들을 동원하지 않고서도 판단이 내려진다는 의미이다. 취미판단은 오성개념에 의존하고 있지 않으며, 또한 예컨대 특정한 예술 작품이라는 점에서 특정한 문화를 지배하고 있는 판단 규칙에도 얽매여 있지 않다. 분석이 행해진 이래 이러한 첫 번째 제한점이 지적되면서 이미 두 번째 논의의 필요성이 드러난다.

칸트는 취미판단이 대상 표상에 대한 직접적인 만족과 결부되어 있음을 지적한다. 만족이 전혀 일어나지 않고 다만 취미판단에 대한 표현만이 존재한다면, 그것은 취미판단과는 전혀 무관하며 단순한 말장난에 불과하다.

우리는 그러한 허구적인 취미판단을 자주 만난다. 예컨대 우리는 누군가가 어떤 그림에 찬사를 보냈을 때 그러한 표현이 미적 만족을 보여주는 것이 아니라 그림의 가격을 올려보려는 제스처임을 알 수 있다. 혹은 어떤 사람이 몸값 비싼 어느 프리마돈나의 공연을 보고 나오면서 정말 멋진 공연이었다고 말하면서도 정작 그 공연에서 연주된 음악을 한 소절도 기억하지 못한 나머지, 음악이 무거웠다거나 차분했다거나 혹은 경쾌했다는 등의 말도 하지 못하는 경우가 있다. 입장료의 가격에 따라 공연의 질을 평가하는 오늘날의 추세도 이에 대한 좋은 예이다. 직접적인 감정 대신에 특정한 사회집단의 가치척도나 경제적 평가에의 굴복이 그 자리에 끼어든 것이다.

칸트의 설명이 시사하듯이, 미에 대한 직접적인 만족은 무엇에 의해서도 대체될 수 없다. 이러한 만족이 결여된 채로 미에 대해 언급하는 것은 공허하고 헛될 뿐이다. 기회주의자는 자신의 고유한 감정을 외면하고 단지 타인의 평가만을 의식한다.

기회주의적인 태도의 반대편에는 고루한 취미가 있다. 그것은 타인들의 평가를 무시하고 극단적으로 자신의 쾌 및 불쾌의 지각만을 고집하는 것이다.

기회주의자는 자기 감정을 무시하면서 취미판단의 논리에 아주 정면으로 대립하는 반면, 고루한 감상자는 자신의 취미를 계속 연마하는 것을 게을리한다. 이 주장은 다음과 같이 다시 정리할 수 있다. 즉 **취미판단에 기초하고 있는 만족은 직접적이며 관습에 얽매여 있지 않다.**

칸트가 이러한 맥락에서 취미의 계발 및 도야 가능성을 지적한다는 점에 주목해야 한다. 취미는 특정한 표준과 모범에 입각하여 교육받고 다듬어질 수 있다는 것이다.

이 대목에서 이미 논의되었던 칸트의 주장을 검토하다 보면 어떤 모순점이 발견될 수 있다. 즉 취미는 변할 수 있으며 계속 계발될 수 있다고 말하게 되면, 취미가 자율적이며 본래 선천적으로 판단되는 것이라는 애초의 주장과 모순되는 것 아닌가? 우리의 취미판단이 제각각 타당한 (양식적) 판단 척도로 향한다면, 그것은 진실이 아니지 않은가? 혹시 우리가 언어적으로 너무도 잘 훈련된 나머지 다른 사람들이 아름답다고 부르는 것을 그냥 아름답다고 하는 것은 아닐까? 요컨대 그렇게 되면 실제로 취미판단은 경험적으로 주어진 규칙에 봉사하는 단순히 타율적인heteronomes 능력이 아닌가?

이러한 질문들은 분명히 취미판단의 자율성 테제와 정면으로 모순되는 것으로 보인다. 그렇게 된다면 취미판단에 기초하고 있는 만족은 특정한 사회의 관습에 의존하게 된다.

타율성 테제의 관점에서 보았을 때 고전 걸작들과 같은 표준적인 작품의 의의는 단지 미에 대한 판단이 특정한 대상들에 대한 판단이며 경험적인 판단임을 증명하는 데에만 있는 셈이다.

칸트 스스로도 이러한 취미판단의 자율성과 타율성 사이의 갈등을 말끔히 해결하지는 않았다. 요컨대 그는 취미에 가변성과 도야 가능성이 있음에도 불구하고 원칙적으로 자율성 테제에만 매달리고 있는 것 같다.

칸트는 고대 수학을 예로 들면서 보편적으로 우리에게 표준을 제시해주는 업적을 지향하는 것과 자율적으로 인식하고 행동하는 것 사이에 아무런 모순이 없음을 설명한다. 우리가 만약 타율성 테제를 받아들인다면 고대 수학의 모범적인 업적에 대한 우리의 존경심은 우리가 수학을 할 때 타당한 증명 절차를 사용할 수 있음을 보여주는 것이 아니라 단지 고대에 고안된 업적을 모방하는 것에 지나지 않음을 보여주는 것일 수도 있다.(A 136f)

물론 칸트는 우리가 스스로 인식능력을 사용하는 법을 배워야 한다는 점을 인정한다. 이러한 맥락에서 볼 때 학습은 한편으로는 우리가 특정한 모범을 지향하고 다른 한편으로는 자율적인 인식 행동을 성취하려고 시도하면서 언제든지 실수와 잘못이 일어날 수 있다는 의미이다. 그러면서도 우리의 취미는 변하고 도야되며 세련되어지는 것이다. 우리는 성공적인 고전 작품을 염두에 두고 취미의 자율성을 포기하지도 않으면서, 성공적인 미의 예를 통해서 새로운 사례를 감상하는 것을 배운다. 칸트는 판단의 자율성을 보존하고 있는 모범(즉 고전 걸작)에 대한 지향을 **계승**Nachfolge이라고 부른다. 그것은 독자성을 포기하고 모범을 맹목적으로 추종하는 **모방**Nachahmung과는 전혀 다르다.

취미판단이 미적 판단이라는 사실은 개념적인 반박 내지 정당화가 불가능하다는 것을 암시한다.

그렇다면 개별 예술 작품의 미적 가치에 대해 개념적으로 논증을 전개하는 예술이론가나 비평가들의 논박은 어떤 기능을 하는가?

이에 대해 칸트는 어떤 시와 드라마가 마음에 썩 들지 않는 경우를 예로 든다. 능력 있는 비평가가 어떤 사람에게 그 작품이 **예술**의 모든 **규칙**을 합당하게 따른 것이라고 아무리 설명한다 해도, 그것이 그 사람의 취미판단을 변화시키지는 않는다. 그가 해당 작품에서 아무런 만족을 느끼지 않는다면 "이것은 아름다운 시다!"라고 말할 수 없는 것이다. 그는 기껏해야 이 시가 틀림없이 이 장르의 모든 규칙을 따르고 있는 14행시이다라는 점을 인정할 뿐이다.

그렇다고 칸트의 이러한 진술을 예술이론 내지 예술비평이 쓸모없다는 주장에 대한 근거로 받아들여서는 안 된다. 칸트는 이 논의를 통해 대상에 대한 직접적인 만족이 지극히 중요함을 다시 한번 강조한 것이다. 이 점이 바로 여기서 논의되고 있는 생각의 핵심적인 측면이다. 따라서 모범적인 예술 작품을 통해 행해지는 각종 훈련이 취미 형성에 아주 중심적인 역할을 할 수 있는지에 대해서는 아무 언급이 없는 것이다.

〔……〕나는 쾌를 〔대상의〕 표상에서 직접 느껴야 하며, 쾌가 나에게 어떤 증거를 통해 다가올 수는 없는 것이다.(A 141, 부분적으로 원문을 수정함)

여기서 왜 칸트가 그토록 고집스럽게 취미판단의 주관적 성격을 지적하는지 의아해 하는 독자도 있을 것이다. 확실히 이 부분에서 18세기 예술이론들이 여전히 규범적인 시학詩學으로 이해되고 있었다는 사실을 환기할 필요가 있다. 이러한 이해에 따르면 예술이론은 예술 작품의 올바른 창작 및 평가에 대한 지침을 제공한다. 마치 우리가 맛있는 거위 구이를 만들기 위해 요리 책을 참조하는 것처럼, 우리는 시나 비극을 창작할 때 규범적인 시학 규칙론을 지침으로 삼을 수 있다. 그러한 상황이라면 아름다운 시란 시학의 규칙에 입각하여 쓰인 텍스트라고 아주 간단히 말할 수도 있을 것 같다.

확실히 이러한 견해는 칸트의 미학에 의해 지양되었다. 칸트의 미학은 예술 및 미적 판단을 규범적으로 정해진 14행시로부터 해방시켰고, 미적 경험의 자율성을 위한 길을 만들어주었다 〔흔히 미학이론적으로 보았을 때 칸트의 미학이론은 18세기 당시까지 대립하고 있었던 이러한 '규범미학'과 영국의 '감정미학'을 비판적으로 종합하려는 시도이다].

이로써 예술이론 혹은 칸트의 개념으로 말하면 취미비판의 과제 및 개념은 자연히 변하게 되었다. 이제 예술이론은 더 이상 대상과 관련된 창작을 정식화할 수 없고 오로지 주체가 대상 표상을 어떻게 다루는지를 연구하는 것과 관련을 맺어야 한다. 이러한 **취미비판**이 단지 개별 사례에서[즉 감상과 창작 주체의 주관 내에서] 행해질 때만이 예술이라고 할 수 있다. 칸트는 취미비판이 아주 심도 있게 행해지고 개별 판단들의 가능성이 다루어질 때를 가리켜 **학문**Wissenschaft이라고 부른다.(A 142)

칸트가 취미판단의 주관적 성격을 강조한다고 해서, 규범적인 시학 규칙론과 같은 종래의 다른 이론 형식들이 미적 경험의 영역에서 유의미한 역할을 할 수 없다고 말하는 것은 아니다. 따라서 우리가 이론가들의 개념적 진술을 엄격한 의미의 증거 인용으로서가 아니라 우리가 개별 대상을 지각하는 데 필요한 지침 내지 이해 확장을 위한 수단으로 파악하는 것은 여전히 가능하다. 예컨대 이론가들이 어떻게 우리가 작품을 지각할 수 있는지, 그리고 그 작품의 제작 방식은 무엇인지 등에 대해 정보를 줄 수도 있는 것이다. 그래서 그러한 진술로 말미암아 우리가 대상의 형식에 대해 달리 이해하고, 그 작품에서 느껴지는 감정이 변할 수도 있다.

이미 칸트는 자신의 분석에서 취미판단에 놓여져 있는 상상력과 오성의 관계에 대한 규정을 더욱 깊이 논하고 있다. 미의 분석의 두 번째 부분에서 인식능력의 자유로운 유희에 대해 언급하고 있음을 상기하기 바란다.(§9, A 27ff) 이제 칸트는 상상력과 오성의 유희적 관계를 더 정확하게 규정하려 한다.

인식판단에서 상상력을 통해 종합되는 직관은 오성의 개념 아래 종속된다. 오성의 개념들과 직관 사이의 결합은 판단력에 의해 가능해진다. 인식판단의 경우 이 과정은 포섭적으로 행해진다.

예를 들어 의사는 체온이나 피부의 변화를 보면서 환자가 홍역을 앓고 있음을 안다. 그는 주어진 사례를 특정한 전염병의 개념 아래 두고 있는 셈이다. 물론 의사는 개념적인 지식만으로 진단을 하지는 않는다. 이를테면 의사는 자신에게 주어진 사례를 실제로 풍진이 아니라 홍역 개념에 둘 것인지를 인식하는 데 있어서 자신의 판단 능력을 사용하기도 한다.

취미판단에서는 이렇게 직관을 개념 아래로 포섭시키는subsumiert 특별한 방식은 배제된다. 칸트가 사용하는 용어로 말하자면, 판단력에는 직관과 개념 사이의 결합이 포섭에 의해서뿐만 아니라 반성에 의해서도 행해진다. 여기서의 직관은 포섭에서와는 달리 개념에 의해 규정되지 않는다. 오히려 어떤 주어진 직관에 대해 적합한 개념적 규정이 찾아진다.

이러한 의미에서 보았을 때, 칸트는 다음과 같이 개념 분류를 하면서 포섭 실행을 인식판단으로 제한하고 미적 경험의 영역에서 제거해버리는 듯하다. 판단력이 포섭적이라면 인식능력들은 가급적 오랫동안 지속하려고 하면서 어떠한 유희적 상태에 있지 않다.

하지만 먼저 이 절에서 칸트는 취미판단에서 포섭의 원칙이 어떤 것인지에 대해 말하고 있다.

> [……] 주관적 판단력으로서 취미는 포섭의 원리를 내포하고 있긴 하지만, 그것은 직관을 **개념** 아래에 포섭하는 원리가 아니라 **자유롭게 유희하는 상상력**이 합법칙적으로 활동하는 오성과 합치되는 한에 있어서 직관 또는 현시의 **능력**(즉 상상력)을 개념의 **능력**(즉 오성) 아래에 포섭하는 원리인 것이다.(A 144)

따라서 상위의 차원에서 인식능력들 자체는 포섭 관계에 있게 된다. 이 관계에서 결정적인 것은 상상력이 그 자유를 잃지 않고 오성이 그 규정의 합법칙성을 포기하지 않는 사태이다.

칸트의 설명을 주의 깊게 읽어보면 상상력, 오성, 판단력 사이의 관계가 상이한 방식으로 규정되고 있다는 사실이 눈에 띈다.

이에 대해 칸트는 미의 분석의 말미에서 취미판단에서는 상상력의 자유로운 합법칙성이 결정적이다라고 말한 바 있다.(A 68) 이제 이러한 규정은 수정되어 합법칙성의 계기가 오성에 주어진다. 여기서 우리는 이러한 내용 수정의 동기에 대해 더 이상 자세히 논하지는 않겠다. 다만 본질적인 점은 취미판단에서 인식능력들의 대립되는 원칙들(즉 자유 대 합법칙성, 자기반성 대 대상관련성) 사이의 결합이 성취된다는 것이다. 다시 말해 원래 지극히 서로 배타적인 것들이 미의 관점에서는 합치되는 것이다.

연역에는 선천적 원칙으로부터 판단을 도출하고 거기에 정당성을 부여해야 한다는 과제가 놓여 있다. 이러한 과제를 규정하면서 칸트는 미와 숭고에 대한 분석에서 아직 중요한 역할을 하지 않았던, 취미판단은 **선천적인 종합판단**이다라는 정식을 사용한다. 사실 이 선천적 종합판단에 대한 언급은 칸트의 인식 이론 및 형이상학 비판에 관한 논문에서 핵심적인 것이다. 이에 대해 간략히 설명하겠다.

판단의 기본 형식은 어떤 주어에 술어가 붙은 "x는 P이다"라는 꼴이다.

술어가 주어에 이미 내포되어 있는 규정을 포착하여 명시적으로 나타내는 경우 그 판단은 분석판단이 된다. 예컨대 "독신 남자는 결혼하지 않은 남자이다" 혹은 "물체는 연장延長이다"와 같은 문장이 그것이다. 우리가 각 문장에서 주어의 속성을 이미 알고 있다면 분석적 문장을 통해서는 새로운 것을 전혀 경험할 수 없다. 그러한 문장은 단지 주어 개념에 대해 우리가 이미 알고 있는 지식을 해체하고 있을 뿐이다.

이와는 달리 주어 개념에 포함되어 있지 않은 술어를 통해 그 주어가 규정되는 경우 그 판단은 종합적이다. 이에 대한 진술로 예컨대 "빈센트는 서른 살이다", "이 물체는 무겁다" 등이 있다. 여기서 분석판단과의 차이는 분명하다. 내가 "빈센트"라는 이름의 어떤 사람을 알고 있다고 생각해보자. 나는 보통 그러한 이름을 올바르게 사용할 줄은 알지만, 이름을 안다고 해서 그것을 통해 빈센트의 나이 자체를 유추할 수는 없다. 물체 개념도 마찬가지이다. 물체가 연장된 대상이라는 사실은 물체 개념으로부터 직접 도출된다. 반면에 무게는 새로이 첨가된 규정이다.

분석판단이 개념을 설명한다면, 종합판단은 개념을 확장시킨다.[13]

이러한 의미에서 칸트는 취미판단은 종합판단이라고 말할 뿐만 아니라 선천적인 종합판단이라고도 말하고 있다. 우리의 이

---

13) 이 구분에 대한 칸트의 설명은 다음과 같다. "주어와 술어의 관계를 고려해보았을 때, 모든 판단에는 두 가지 종류의 관계가 있을 수 있다. 즉 (숨겨진 방식으로) 주어 개념 A에 내포된 어떤 것으로서 술어 B가 주어 A에 속하는 경우이든가, 아니면 이 둘이 서로 결합되어 있긴 하지만 B가 개념 A 바깥에 놓인 경우이다. 첫 번째 경우를 나는 분석판단이라 부르고 뒤의 것을 종합판단이라고 부른다. 〔……〕 또는 전자를 설명판단, 후자를 확장판단이라고도 부를 만하다. 〔……〕"(『순수이성비판』 B 10f, 부분적으로 원문을 수정함.)

성적인 고려를 통해서만 정당화되는 (선천적a priori) 지식과 경험에 대한 지시를 통해서 정당화되는 (후천적a posteriori) 지식 사이의 차이는 널리 알려져 있다. 여기서 중요한 점은 칸트가 어떻게 그 차이(분석판단/종합판단, 선천적 인식/후천적 인식)를 결합시키고 있는지를 아는 것이다.

취미판단이 선천적 종합판단이라고 했을 때 그 판단은 경험으로부터 독립되어 있으면서 동시에 주체 개념이 확장되는 경우이다. 칸트는 취미판단에서의 대상 개념은 인식판단의 경우처럼 술어를 통해 확장되지는 않는다고 말한다. 취미판단에서는 인식을 확장시키는 술어 자리에 미에 대한 특별한 쾌가 끼어든다. 이제 연역의 과제는 취미판단이 필연성과 보편타당성을 요구할 때 어떤 선천적인 근거에 기초하는지를 보이는 것이다.

> [……] 어떤 판단이 대상의 개념에 의존하지 않고 단지 그 대상에 관해서 느끼는 **자기 자신**의 쾌에 근거해서만 판단되며, 이 쾌가 **다른 모든 주체에게도** 동일한 객체의 표상을 따르는 것이라고 선천적으로, 즉 타인의 동의를 구할 필요가 없이 판단되는, 그러한 판단은 어떻게 가능한가?(A 146)

제기된 과제(취미판단에서 선천적 원칙을 보여주는 것)를 해결하려면 이것을 몇 가지로 나누어 고찰해볼 필요가 있다. 언뜻 취미판단이 선천적인 판단이라는 주장은 그다지 확실해 보이지 않는다. 그 이유는 미의 분석에서 보여주려고 했듯이 우리에게는 개별적인 직관 대상에 대한 판단이 문제이기 때문이다. 게다가 대상에 대한 직접적인 쾌가 판단을 규정하는 근거이기 때문이다. 그렇다면 이러한 쾌는 경험적인 것이지 선천적인 계기는 아니지 않은가?

칸트는 이 문제를 다음과 같이 주장하면서 해결하려 한다.

> 따라서 취미판단에서 판단력에 대한 보편적 규칙으로서, 또 누구에게나 타당한 것으로서 선천적으로 표상되는 것은 쾌가 아니라 이 쾌의 보편타당성이요, 이 보편타당성은 심의의 어떤 대상에 대한 단순한 판단과 결합되어 있는 것으로 지각된다. 나는 어떤 대상을 쾌를 통해 지각, 판단한다라고 하는 것은 하나의 경험적인 판단이다. 그러나 나는 그 대상을 아름답다라고 생각하는 것, 즉 나는 그러한 만족을 누구에게나 필연적인 것으로서 요구할 수 있다라고 하는 것은 하나의 선천적 판단이다.(A 148)

보다시피 이 글은 독특한 방식의 연역이 지나치게 요약되어 있다. 칸트는 취미판단의 핵심적인 계기가 인식능력들(상상력과 오성)의 유희적인 조화에 있다고 말한다. 이러한 관계는 대상 표상의 주관적 합목적성에 의해 규정된다. 우리는 인식능력들의 그러한 관계가 모든 인간들에게도 존재한다고 생각해볼 수 있다. 따라서 취미판단은 모든 사람들에 대한 동의를 요구할 수 있는 것이다. 칸트는 이제 연역 작업에 이어서 **미적 만족의 전달 가능성** 문제로 돌아온다. 이 문제에서 그는 소거 방법을 사용하면서 전달 가능한 미에 대한 쾌에 해당하지 않는 여러 규정들을 세 단계로 나누고 있다.

1. 미에 대한 쾌는 유쾌한 감각 느낌과는 상관이 없다. 감각 느낌은 언제나 전달 불가능하다. 예를 들어 후각을 느끼지 못하는 사람에게 향수 지각을 알릴 수는 없는 것이다. 하지만 미에 대한 쾌는 일반적으로 전달 가능한 쾌이다.

2. 미에 대한 쾌는 도덕적인 만족과는 아무런 상관이 없다. 선한 행동에 대한 쾌는 이성 이념에 기초해 있다. 따라서 선에 대한 쾌는 자유로운 만족이 아니다. 오히려 그것은 선한 행동의 개념으로부터 도출되며, 그 결과 일반화 가능하고 동시에 전달 가능하다.

3. 미에 대한 쾌는 숭고와 구분된다. 숭고의 쾌는 일반적인 쾌와는 모순될 수도 있고 상상력의 표상이 관계를 맺고 있는 이성 이념의 활성화에서 기인한다. 이러한 쾌가 일반화 가능하고 전달 가능한 것은 그것이 이성의 보편 이념에서 기인하기 때문이다.

칸트는 이 세 경우가 각각 최소한 하나는 미적 만족의 속성과 모순된다고 주장한다. 이 소거 방법에 의거하여 칸트는 미에 대한 쾌의 긍정적인 특성을 순수한 반성적 쾌라고 부르고 있다. 그것의 전달 가능성은 이 반성이 모든 사람들에게도 믿을 만한 인지적 실행으로서 이해될 수 있다는 사실에 의거한다. 칸트는 지금까지의 논의를 반복하면서 다음과 같이 정리한다.

> 이러한 쾌는 필연적으로 모든 사람들에게 동일한 조건으로 근거하는 것임에 틀림없다. 왜냐하면 이 조건들은 인식 일반을 가능하게 하는 주관적인 조건들이며 〔……〕.(A 153)

칸트의 절차가 과연 그럴듯한가? 그러한 소거 방법이 쾌 개념을 해명하는 데에 실제로 기여하고 있는가? 다른 사람의 판단을 듣고 있는 사람이 장님이라면, 그에게 어떤 그림에 대한 긍정적인 취미판단을 전달하는 것이 가능한가? 칸트의 설명에 따르면 눈먼 사람도 그가 비록 아름다운 대상을 전혀 보지 못하더라도 아름다운 그림에 대한 판단을 이해할 수 있음에 틀림없다.

이러한 점은 분명히 우리를 곤혹스럽게 만든다. 하지만 우리는 순수 미적 판단의 반성적 측면을 강조함으로써 감각판단과 순수한 미적 판단에 대한 칸트의 엄격한 구분을 지지할 수 있다. 예컨대 장님이 아름다운 그림에 대한 나의 판단을 이해할 수 있는 것은 내가 대상의 구체적인 속성에 주목하는 것이 아니라 감정 상태를 알리고 있다는 점을 그도 알기 때문이다. 이러한 감정 상태는 상상력과 오성 사이의 조화로운 관계와 동일한 의미를 갖는다. 그 장님이 나의 감정 상태를 가시적인 표상의 맥락에서 아는 것은 아니지만 동일한 감정 상태를 음악을 듣거나 시 낭송을 들으면서 경험할 수 있다. 이러한 이유에서 그는 내가 "이것은 아름다운 그림이다"라고 말하는 바가 무엇인지 이해할 수 있는 것이다.

이러한 설명을 통해 감각판단과 취미판단 사이의 구분이 분명해진다. 하지만 그것으로 모든 문제가 해결된 것은 아니다. 이를테면 내가 나의 취미판단을 장님에게 알릴 수는 있지만, 이러한 판단에 대해 그에게 동의를 구하는 것은 불합리한 것일 수도 있다. 반성판단과 감각판단을 엄격히 구분하는 것이 분석적인 이유로 볼 때는 의심 없이 정당화될 수 있다. 그러나 그 구분을 미적 경험의 감각적 측면을 도외시한다는 의미로 이해해서는 안 된다.

이어지는 부분에서 칸트는 미적 경험의 사회적 차원에 대해 깊이 다루고 있다. 미의 분석에서 취미판단의 전달 가능성과 일반화 가능성의 측면을 강조하는 것은 단지 감각판단("x는 쾌적하다")으로부터 이 특정한 판단 형식을 구분하려고 의도했다는 인상을 준다. 하지만 이제 칸트가 미적 경험의 전달 가능성에 더 중요한 의미를 부여하고 있음이 분명해졌다.

취미는 "sensus communis", "gemeinen", "gesunder Menschenverstand" 등으로 불리는 일종의 공통감으로 표상된다. 이 말은 무슨 뜻일까?

1. 당시 강단 철학의 전통에서 "sensus communis", "gemeinen", "gesunder Menschenverstand" 등과 같은 표현은 일반적인 인간의 판단 능력을 가리키는 것이었다. 그것은 어떠한 교육도 필요로 하지 않는, 말하자면 선천적으로 주어진 것으로 간주된다.

2. 하지만 칸트는 그러한 표현을 다른 의미로 사용한다. 이를테면 『판단력비판』에서 "sensus communis"는 주어진 표상들이 보편적으로 전달 가능하며 이해할 만한 것인지를 평가하는 판단 능력을 가리킨다. 공통감을 통해서 판단의 주체는 정신적 상태나 쾌의 감정이 보편적으로 전달 가능하며 일반화 가능한 것으로 인식한다. 결국 "sensus communis"는 사회적인 의미에서의 판단 능력으로 보인다. 즉 그것은 모든 사적 조건, 그리고 경우에 따라서 판단자 개인에게만 중요하고 다른 사람들에게는 별 의미가 없는, 그러한 모든 계기들을 넘어서는 것이다.

칸트는 취미판단의 문제와 직접적으로 관련이 없는 짤막한 부연 설명을 끼워 넣고 있다. 여기서 칸트는 스스로를 고유한 의미에서 계몽주의자로 일컫고 있다. 그의 주된 관심은 "공통 인간 오성gemeiner Menschenverstand"의 의미를 부각시키면서 학교교육으로부터 독립된 기본적인 이성 능력을 강조하는 데 있다. 칸트에 의하면 이 "공통 인간 오성"은 다음과 같은 세 가지 준칙을 내포하고 있다.

> 그것은 다음과 같다. 1. 스스로 생각할 것 2. 다른 모든 사람들의 입장에 서서 사고할 것 3. 언제나 자기 자신과 일치하도록 생각할 것. 첫 번째 것은 **편견에 사로잡히지 않은** 사유 방식의 준칙이고, 두 번째 것은 **확장된** 사유 방식의 준칙이며, 세 번째 것은 **일관성 있는** 사유 방식의 준칙이다.(A 156)

칸트는 이러한 준칙을 "자연 규칙"이라고 부른다.(A 156) 그러한 준칙, 특히 첫 번째 준칙(자율적 사고)을 진지하게 받아들이는 것이 바로 실제적인 계몽이라는 것이다.

공통감sensus communis으로서의 취미는 특히 두 번째 준칙의 척도에 따라 판단한다. 취미는 모든 사적인 조건을 초월하여 대상 표상의 형식적 측면에만 관계한다.

한편 긍정적인 취미판단에서는 표상의 형식적 속성들이 개념적으로 고정되지는 않는다. 취미는 감정과 관련을 맺는다. 그 관련된 감정 상태는 형식적으로 합목적적인 표상들의 관점에서 직접 느껴지며, 취미가 공통감인 경우에 한에서 그러한 감정 상태는 취미 자체에 의해 보편화가 가능한 것으로 인식된다.

취미판단에 대한 선험적인 연구는 그 특징적인 계기들을 분석하고 그러한 판단의 타당성 요구가 의지하고 있는 선천적인 원리들을 정식화했다. 그것으로 칸트는 개별적인 취미판단의 가능성의 조건들은 남겨둔 채 단지 일반적인 윤곽만을 제시한 셈이다.

취미판단의 선험적 분석 내지 그 내적 논리에 있어서 관심 개념은 아무런 역할도 하지 않을 뿐만 아니라 심지어 부정적인 역할을 하기도 한다. 칸트가 삶의 형식에서 이러한 무관심한 판단이 어떤 의미가 있는지에 대한 물음을 논할 때 그는 분석으로 다시 돌아가지 않고 다른 차원으로 가고 있는 것이다. 즉 그는 "미에 대한 경험적 관심"(§41, A 159)에 대해 질문한다.

제기한 질문에 대한 칸트의 대답은 짧고 간결하다. 미는 사회에서만 관심이 있다. 이 테제에 대한 그의 설명이나 주석은 지극히 짧게 다루어지고 있다. 그래서 마치 미적 쾌란 주관적 상태에 대한 반성을 통해서만 규정될 뿐만 아니라 그것 이상으로 주관적 상태의 전달 가능성에 대한 쾌로 이해되어야만 하는 것으로 보인다. 결국 미적 대상에 대한 쾌는 다음과 같은 것과 비교할 때 아주 사소한 것으로 보인다.

> 〔······〕 그 쾌의 가치를 거의 무한히 증대하는, 그 쾌를 보편적으로 전달할 수 있는 이념.(A 162, 부분적으로 원문을 수정함)

이 대목에서 우리는 『판단력비판』의 무게중심이 조금씩 옮겨가고 있음을 엿볼 수 있다. 물론 미의 분석에서도 판단의 전달 가능성이 항시 언급되기는 했다. 하지만 거기에서는 이러한 전달 가능성이, 예컨대 감각판단으로부터 단지 분화되는 계기에 지나지 않는다는 인상을 주었던 것도 사실이다. 이제 여기서는 미적 판단의 **일반화 가능성과 전달 가능성**이 그 고유한 의미를 얻게 된다.

여기서 중요한 역할을 하는 것은 대상을 미적으로 판단할 때 우리가 특정한 감정 상태를 전달할 수 있으며, 타인들에게 취미를 교육시키고 그들을 세련되게 하는 경우 그러한 미적 태도를 인정하도록 만들어야 하는 상황에 직면한다는 사실이다. 이를 통해 상호 이해와 연대감이 가능한데, 그것은 도덕·실천적 문제〔실천이성의 문제〕나 이론적 문제〔이론이성의 문제〕에 관한 하나의 합의를 넘어선다.

칸트는 계속해서 "황량한 섬에 버려진 인간"은 자신이 살고 있는 주변을 아름다운 물건으로 치장하는 데에 아무런 관심이 없다고 말한다. 물론 여기서 칸트는 로빈슨 크루소의 사례를 잠시 다루고 있다. 이때 중요한 점은 미적 판단에 대한 이해, 즉 다른 사람과의 대립 내지 그에 대한 동의가 미적 판단에서 주변적인 것이 아니라 우리가 미와 교섭하는 데 본질적인 구성 요소라는 것이다. 그래서 미의 분석 부분과 대조적으로 이 부분에서 미 개념의 확장은 뚜렷하며 주관성 개념과 사회성 개념의 관점에서 그 의미는 분명해진다.[14] 우리는 여기에서(그리고『판단력비판』의 다른 부분에서) 칸트가 정확히 내용을 전개하지 않은 채, 단지 있을 수 있는 생각들을 암시적으로 나타냈던 것으로 이해해야 한다.

미의 분석에서는 미적 판단이 도덕적·실천적 평가로부터 독립된 것임을 분명히 했다. 하지만 이 부분에서 칸트는 도덕적 판단과 미적 판단 사이의 근본적인 차이로 다시 돌아가지 않는다. 오히려 그는 **미적 쾌와 도덕적 선에 대한 만족 사이의 결합**이 생길 수는 없는지를 검토하고 있다.(§42, A 163~171)

---

14) 여기서 칸트 이후의 미학이 엿보인다. 무엇보다도 쉴러Schiller는 미적 경험을 한 사회의 정치 사회적 차원과 직접적으로 관련지었다. 이에 대해서는 다음을 참조하라. F. Schiller, *Ueber die asthetische Erziehung des Menschen in einer Reihe von Briefen*, In: *Schillers Werke-Nationalausgabe*, Bd. XXII., Weimar, 1962, pp. 309~412.

하지만 미와 선 사이의 관계를 논하기 전에 칸트는 미적인 영역 자체에 대해서 중요한 구분을 하고 있다. 즉 그는 **예술미**와 **자연미**를 구분한다. 미적인 태도와 도덕적·실천적 태도 영역 사이의 결합이라는 관점에서는 무엇보다도 자연미가 중요하다. 왜냐하면 칸트가 생각하기에 예술에 대한 관심과 그 창작에 대한 관심이 판단자의 도덕적 신조를 고려할 이유가 전혀 없는 반면, 자연미에 대한 관심은 "선한 정신의 징표"로서 간주할 만하다는 것이었다.[15]

여기서 중요한 점은 자연미에 대한 만족은 자연이 아름다운 대상들을 산출한다는 것을 인식함으로써 규정된다는 것이다. 따라서 이때의 판단은 더 이상 순수한 취미판단이 아닌데, 그 이유는 미적인 대상의 자연성에 대한 지적知的인 규정이 본질적이기 때문이다.

> 자연이 미를 산출한다는 것에 대한 생각은 직관과 반성을 동반한다. 〔……〕(A 165)

자연이 아름다운 대상을 산출한다는 생각이 왜 중요한 것일까?

이에 대해 대답하면서 칸트는 그렇다고 예술을 창작하는 것에 빗대어 자연물의 질료적 속성에 의지하려고 하지는 않는다.

이 부분 전체에 흐르는 생각은 경험의 대상을 보는 관찰자의

---

15) §59, A 164에서는 예술미와 선의 관계가 다루어진다. 하지만 이 부분에서 칸트는 오로지 선에 대한 자연미를 다루고 있다.

태도에 관한 것이다. 칸트는 자연물들이 어떤 신비스런 방식으로 도덕적 선에 관여할지도 모른다고는 주장하지 않는다. 오히려 그는 자연물에 대한 미적 판단과 실천적 준칙 내지 선한 행위에 대한 도덕적 판단 사이에 어떤 유사성이 있다고 말한다. 결국 이 두 판단의 유사성을 인식하는 것이 관건이다.

  인간 이성은 이념에 상응하는 대상이 "현실 속에" 있음을 스스로 확증하지 않고서도 그러한 이념을 활용한다. 그래서 선의 이념은 윤리적으로 정당화된 행위에 대한 준칙을 정식화해주고 또 그것의 기준점으로 사용된다. 하지만 그 준칙을 정식화하는 것과 그러한 준칙에 입각하여 행동하는 것은 전혀 다른 차원이다. 개별 행동들은 다소 완전한 형식으로 선의 이념을 실현한다. 그러나 이러한 이념을 실현하게끔 해주거나 혹은 방해하는 요인들은 실천이성의 영역으로부터 (적어도 부분적으로라도) 벗어나 있는 것으로 보인다. 바로 이러한 이유에서 우리의 이성은 세계가 우리의 이성적인 소질에 유리한 실현 조건들을 제공한다는 사실을 긍정하는 표지에 관심이 있다. 바로 이러한 점에서 윤리·도덕적 판단과 미적 판단 사이의 유비類比 관계가 형성된다. 자연미에 대한 가치 평가는 어떤 대상을 향하는데, 그 대상의 형식적 합목적성이 관찰 주체에게 쾌를 가져다 준다. 우리의 인지적 능력을 고려했을 때 자연 대상의 합목적성은 칸트의 견해에 의하면 자연이 인간 이성의 능력과 욕구에 반反한다는 것을 밀해주는 지표로서 이해될 수 있다.

칸트는 자연미와 도덕적 신조의 가치평가 사이의 유사성을 다음과 같이 기술하고 있다.

> [……] 이념(이성은 도덕적 감정에 있어서 이 이념에 대하여 직접적인 관심을 일으킨다)이 객관적 실재성[……]을 가진다고 하는 사실, 다시 말해 자연이 (적어도 자연의 산물이) 일체의 관심에서 독립된 우리의 만족[……]과 합법칙적으로 일치한다고 상정할 만한 그 어떤 근거를 자기 속에 포함하고 있다는 어떤 흔적을 보인다거나 또는 어떤 암시를 준다고 하는 사실은 이성의 관심을 끄는 일이기도 하다. 그러므로 이성은 자연이 나타내는 그와 유사한 일치에 관심을 가지고 있음에 틀림없다. 따라서 심의는 **자연**의 미에 동시에 관심이 끌리지 않고서는 이것을 숙고할 수가 없다. 그러나 이 관심은 친근 관계에서 보면 도덕적이며, 자연의 미에 대하여 관심을 가지는 사람은 [……] 그가 먼저 도덕적 선에 대한 자기의 관심의 기초를 충분히 확립하는 한해서만 자연의 미에 대하여 그러한 관심을 가질 수 있는 것이다. 그러므로 자연의 미가 직접적인 관심사가 되는 사람에게는 적어도 선한 도덕적 심성에의 소질이 있다고 추정할 만한 이유가 있는 것이다.(A 167)

물론 자연미에 대한 애호가 모두가 언제나 선한 사람은 아니다. 하지만 그는 대상을 판단할 때 도덕적인 판단과 유사한 방식으로 실천하는 사람임에 틀림없다.

칸트는 이러한 식으로 미적 판단과 도덕적 판단을 서로 결합시키는 것이 언뜻 보기에 불합리한 것일 수도 있음을 인정한다. 그러나 그는 오직 자연미만이 만족과 결부된 직접적 관심을 불러일으킨다고 주장하면서 자신의 생각을 정당화한다.

4. 예술이론(§§43~54)

외형상 분류에 따르면 43~54절은 연역에 포함되어 있지만, 이것은 바로 마지막으로 예술이론을 다루는 부분이다. **예술 개념**은 다음과 같은 세 가지 절차에 의해 다른 개념들과 구분된다고 한다.

(1) 예술이 자연 및 자연의 산출물과 구분되는 점은 예술 작품이 인간의 합목적적인 사유와 창작 행동에 기반하여 출현한다는 것이다.

(2) 예술이 학문과 다른 점은 예술은 실천적인 능력이 문제라는 것이다. 예술과 달리 학문은 이론적인 지식으로 보인다.

(3) 학문에 비해 예술이 실천적인 능력으로 보이긴 하지만 수공업과 같은 실천적 생산과는 구분되어야 한다. 여기서 칸트가 염두에 두고 있는 것은 경제적인 것인데, 수공업사는 돈을 벌기 위해 일한다. 반면에 예술가는 "자유로운" 예술을 펼치며, 그의

활동은 "그 자체로 쾌적함"을 준다. (A 173)[16]

칸트는 아름다운 예술 활동에 대해서 작업 훈련에 중요한 의미를 부여하면서 예술과 수공업의 차이를 대비시키고 있다. 한편 칸트는 예술 개념을 다음과 같이 분류한다.

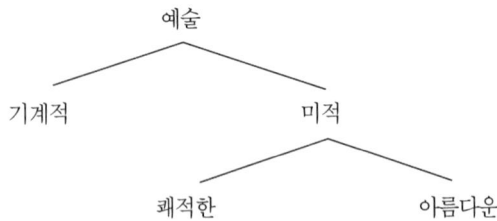

기계적 예술은 목적 달성을 위한 행동을 통해 특정한 대상을 실현할 수 있게 하는 능력이다.

---

16) 이러한 설명은 오늘날의 독자들에게는 다소 소박하게 들릴지도 모른다. 예술 작품의 대량생산과 예술적 작업에 대한 다양한 금전적 형식(스폰서, 공공 보조금)이 중요한 의미를 지니는 오늘날의 상황에 비추어 볼 때, 임금노동과 예술가의 창작 활동 사이의 구분은 이제 흐릿해졌다고 보아야 한다. 하지만 칸트의 주장은 정당하다. 먼저 그의 테제는 역사적 증거로서 타당하다. 즉 실제로 18세기에는 비록 소수라 해도 이미 예술가들이 당시 봉건귀족들에 대한 직접적인 의존 관계로부터 떨어져나왔다. 주의 깊게 살펴보면 그의 테제가 경제적 관심에 대한 예술 장르의 완전한 독립을 주장하고 있다고 이해되어서는 안 된다는 점이 드러난다. 오히려 금전적 고려라는 의미에서 수공 생산과 예술적 창작 활동 사이의 뚜렷한 차이가 칸트에 의해 진단되었던 것이다. 그러한 점에서 칸트의 생각은 확실히 타당하다.

미적 예술은 쾌의 감정을 불러일으키게 하는 능력이다.

쾌적한 예술은 지각이나 감각적인 쾌를 일으키려는 목적이 있다.

아름다운 예술은 관찰자의 인식능력이라는 관점에서 합목적적이고 유쾌한 표상들을 불러일으키려는 목적으로 향한다.

예술 작품은 의식적이고 의도적으로 산출된 대상이다. 회화와 관현악은 숲이나 들판에서 저절로 자라지는 않는다. 마찬가지로 의식적이고 의도적으로 생산되는 용구나 상품과 달리 예술 작품은 구체적인 목적을 성취하도록 고안되지는 않는다. 예술 작품과 다른 인간 노동의 산물 사이의 이러한 차이는 본질적이다. 예술 작품은 그 자체로 실현되어 즐기면서 관찰하는 대상이 된다. 칸트는 예술 작품에 대한 시선과 자연 대상을 보는 시선을 결합시키면서 인간이 직접적인 삶의 욕구로부터의 거리를 두는 계기와 인간과 상품 세계와의 일정한 간격을 강조한다.

> [……] 예술은 우리가 그것이 예술임을 의식하고 있으면서도 자연으로 보일 때만이 아름답다고 불릴 수 있다.(A 177)

우리는 어떤 예술 작품이 특정 예술가에 의해 창작된 것임을 안다. 하지만 그 대상에 대한 미적 태도에서는 그러한 지식이 어떠한 중요한 역할도 하지 않는다. 아름다운 대상의 합목적성은 그것이 한갓 관찰로도 마음에 든다는 데에 있다. 이러한 합목적성이 창작자의 의도를 따른 것이긴 하지만, 그것이 관찰자에게 그대로 보일 수는 없다. 이러한 관찰자의 관심은 특정 작품이 "단순한 판단으로도(감각 지각도 아니요 개념에 의한 판단도 아닌) 우리의 마음에 드는지"(A 177)와 같은 사실에만 관련되어 있다. 모든 인공물과 마찬가지로 예술 작품도 특정한 산출 규칙에 입각하여 완성된다. 이제 칸트는 예술 작품의 창작자가 (기계적 예술가와 달리) 어떤 방식으로 규칙에 입각하여 자신의 창작 지식을 활용하는지 질문한다. 이에 대해 답하면서 칸트는 "규칙에 일치하는 정밀함Pünktlichkeit in der Übereinkunft"과 "규칙을 따르는 꼼꼼함Peinlichkeit"을 구분한다.

칸트는 정밀함을 장르의 특수한 규칙을 따르면서 대상이 완성되는 것으로 이해한다. 반면에 관찰자에게 그 대상이 특정한 규칙에 따라 창작되었음이 분명히 인식될 수 있을 때 꼼꼼함이라고 말한다. 이에 대해 칸트는 "[……] 교본을 보면서" 혹은 "[……] 규칙이 예술가의 눈앞에 어른거린다"와 같은 표현을 쓴다.(A 178) 성공적인 작품에 꼼꼼함이 없더라도 정밀성이 있다고 말할 수 있음은 분명하다.

지금까지의 논의로 보건대 예술가의 능력은 창작 기술의 완숙도로만 간주될 수는 없다는 결론이 나온다. 예술가도 수공적 기예를 익혀야 한다. 하지만 예술의 모든 규칙을 아는 사람이 곧 위대한 예술가는 아니다. **규칙에 따라 안내된 창작 지식이 필수적이긴 하지만, 그것은 성공적인 예술 작품을 창작하기 위한 충분조건**

은 아니다.[17] 이러한 생각은 칸트로 하여금 오직 예술 작품의 창작자에게만 붙일 만한 용어를 도입하게 했다.

천재란 예술에 규칙을 부여하는 재능(타고난 재능)이다. 이 재능은 예술가의 생산적 능력으로서 그 자체가 자연에 속하는 것이므로, 우리는 또 다음과 같이 표현할 수도 있을 것이다. **천재**란 생득적인 심의의 소질ingenium이요, **이것을 통해서** 자연은 예술에 규칙을 부여하는 것이다.(A 179)

여기서 칸트가 자연에 대해서 고유하게 활동하는 계기라고 기술하면서 방향 전환을 하고 있음에 주목할 만하다. 천재의 작업을 가능하게 하고 안내하는 것이 바로 자연이라는 것이다. 우리는 이 대목에서 칸트가 예술가를 천재라고 말하는 것을 주의 깊게 이해해야만 한다.[18] 우리는 아름다운 예술에 있어서 학습 및 교수 가능한 창작 지식이 단지 성공적인 예술 작품을 이루는 기

---

17) 이러한 점은 다음의 47절의 인용문에서 더욱 분명히 볼 수 있다. "[⋯⋯] 어떠한 미적 예술에 있어서도 규칙들에 따라 파악될 수 있고 준수될 수 있는 어떤 기계적이지 않은 요소, 즉 어떤 **교과서적인** 요소가 그 예술의 본질적 조건이 되어 있고, 그렇지 않은 미적 예술이란 없다."(A 184)
18) 천재 개념에 대한 일반적인 의미와 그 역사에 대해서는 다음의 문헌을 참조하라. J. Schmidt, *Die Geschichte des Genie-Gedankens in der Deutschen Literatur, Philosophie und Politik 1750~1945*, I~II., Darmstadt, 1985.

초일 뿐이라는 점을 알았다. 이제 그에 덧붙여, 더 이상 개념적 지식이나 규칙에 따라 준수되는 것 자체로는 규정될 수 없는 능력도 첨가되어야 한다.

"천재"라는 표현을 사용하는 것은 바로 이러한 상황에 대한 압축적인 지시이며, 학교 수업만으로는 결코 배울 수 없는 예술가의 능력을 일컫는 것이다.

당시 널리 알려져 있었던 개념적 이해와 달리 칸트는 "천재"라는 표현을 오로지 예술 창작자에게만 사용하고자 했다.

따라서 칸트의 견해에 따르면 뉴턴이나 아인슈타인처럼 혁신적이고 획기적인 업적을 남긴 과학자나 학자는 결코 천재가 아니다. 그들의 성취는 "[……] 규칙에 따라 연구 및 숙고의 자연적인 도정에서 이룩한 [……], 그리고 [……] 부지런히 모방을 통해 획득될 수 있는 [……]"(A 181) 것과 근본적으로 구분되지 않는다는 것이다. 이러한 칸트의 생각에 따르면 확실히 철학자(칸트 자신을 포함하여)도 천재라고 부를 수 없을 것이다. 천재의 능력에 기댄 아름다운 예술 작품과 그 외 다른 수공품과 과학 사이의 결정적인 차이가 있다면 후자는 학습 및 교수 가능하다는 것이다.

이러한 천재 개념에 대한 새로운 정의에 대해 적어도 전혀 다른 종류의 두 가지 이의가 제기될 법하다.

(1) 먼저 "천재" 개념을 예술 장르에만 제한하여 사용하는 것에 대한 반대 의견이 있을 수 있다. 학문 분야에서의 탁월하고

혁신적인 성취도 예술 장르에서처럼 단순히 근면으로만 설명될 수는 없다는 점이다.

(2) 바로 아름다운 예술 작품만을 고려할 때에도 예술가들의 활동이 수공적인 능력과 밀접한 연관이 있다고 말하는 철저히 사려 깊은 자기 이해도 오래전에 있었다. 우리는 이러한 입장에 대한 대표적인 경우를 19세기의 의미에서 천재 예술가의 원형이라고 할 만한 바흐J. S. Bach의 다음과 같은 글에서 엿볼 수 있다. "나는 부지런해야만 했다. 그러한 근면함으로 인해 그렇게까지 멀리 갈 수 있었다."[19]

이 글의 목적으로 보아 천재 개념에 대해 더 깊이 들어갈 필요는 없을 것이고, 일단 칸트가 내린 개념 규정에 주목하기로 하자. 본래 칸트가 천재 개념을 사용한 이유는 예술품의 창작이란 규칙을 준수하는 산출 지식을 습득하기만 한다고 해서 가능한 것이 아니라는 점을 강조하기 위해서였다. 칸트에 따르면 오히려 특정한 (타고난) 소질과 능력이 예술 창작의 핵심적인 전제라는 것이다.[20]

---

19) 바흐의 이 말의 원래 출처는 J. N. Forkel, *Über J. S. Bachs Leben, Kunst und Kunstwerke*, Leipzig, 1802인데, W. Gurlitt(Hg.), *Riemann Musik Lexikon*, Mainz, 1959, p. 76에서 재인용했다.
20) 아주 쉽게 말해서 관절염을 앓고 있는 사람은 아무리 의지를 갖고 있다 하더라도 바흐처럼 할 수는 없다. 왜냐하면 그는 악기를 연주할 수조차 없기 때문이다.

이러한 맥락에서 가장 결정적인 예는 위대한 문학가의 능력에 대한 언급이다. 실제로 (아름다운) 문학 분야에는 작가들이 거쳐가는 어떤 제도적으로 확립된 작가 양성 과정이란 것이 없다. 오히려 여기에서는 재능 있는 사람들이 성공적인 작품을 쓰는 데 다양한 접근 경로를 거칠 수 있는 듯하다. 학문과는 달리, 훌륭한 작가는 결코 자신의 능력을 다른 사람들에게 전수할 수 없다. 이러한 이유에서 칸트는 예술적인 재능이란 "〔……〕 자연의 손에 의해 부여된다〔……〕"(A 183)고 말했던 것이다.

취미란 미를 지각하고 판단하는 능력이다(수용). 천재란 아름다운 대상이나 성공적인 작품을 창작하는 능력이다(산출). 그렇다면 이러한 취미와 천재 사이의 구분이 자연미와 예술미 사이의 대립과 어떤 관련이 있을까? 자연미에서는 취미에 의해 판단되는 아름다운 대상이 관계했다. 그것은 한갓 관찰만으로도 그 주장의 형식에 근거하여 우리에게 만족을 준다. 여기서 산출 측면에 대한 물음은 제외된다.

그러나 예술미의 경우에는 상황이 전혀 다르다. 즉 예술품은 단지 자연미와 같은 미적 대상이 아니다. 예술품은 기술 내지 표현 기능을 충족시키며, 그렇게 표현된 것이 아름답지 않고 오히려 추하거나 두려움을 불러일으키는 경우도 적지 않다. 예컨대 고대 비극, 단테Dante의 『지옥』편, 혹은 칸트가 들고 있듯이 광포, 병, 전쟁의 피폐에 대한 〔예술적인〕 표현을 생각해보기만 하면 된다.(A 187) 따라서 아름다운 대상을 판단하는 능력으로서의 취미는 그러한 예술 표현을 판단하는 데에는 역부족일 수 있다. 이 때문에 예술이론은 단지 취미 개념에만 의지할 수는 없다는 주장이 제기되기도 하는 것이다. 그렇다고 해서 칸트는 아름다운 대상에 대한 판단 능력으로서의 취미가 예술 영역에 적합하지 않다고 말하지는 않는다. 오히려 그는 미와 취미에 대한 자신의 견해와 예술이론 사이에 밀접한 관계를 확립하려고 했다. 이 점은 칸트가 언제나 예술을 [추하거나 공포스럽지 않고] 아름다운 것으로서 언급했다는 사실에 드러나 있다. 그렇게 말함으로써 칸트는 아름답지도 않고 관찰자에게 아무런 쾌도 주지 않는, 그러한 성공적인 예술품이 존재할 수 있다는 가능성을 배제한다.

추함과 두려움을 불러일으키는 동기를 고려해볼 때 이것은 예술의 각 요소들이 아름다운 방식으로 현시된다는 것을 의미한다.

예술이론과 취미 개념의 관계에 있어서 결정적인 사실은 예술품을 판단하는 데에 취미만으로는 불충분하다는 것이다. 예술품을 지각할 때에는 표현된 대상에 대한 개념적 지식이 요구되기 때문에 자연스럽게 취미의 권한을 넘어서게 된다. 말하자면 우리가 '저것은 아름다운 표현이다'라고 말할 수 있으려면 그것의 비극적인 사건은 무엇인지, 혹은 표현력이 풍부한 성격 묘사는 어떤 것인지를 알아야 한다. 취미는 이러한 내용적인 구분을 내릴 수 없다. 취미는 단지 표면, 즉 대상의 외적인 측면에 머물러 있으며 오직 사물의 "마음에 드는 형식"(A 189)에만 주목한다. 지금까지 예술가의 능력은 일차적으로 부정적인 규정[그렇지 않은 속성들을 소거해가면서 특정 개념을 규정하는 것]을 통해 특징지어졌다. 특히 학습 및 교수받을 수 있는 능력과, 노력만으로는 획득되지 않는 능력 사이의 차이만 강조되었다. 이제 남은 과제는 예술가들에 의해 산출되는 창작물이 무엇인지 정확히 말하는 것이다.

이러한 맥락에서 칸트는 새로운 개념을 도입한다. 즉 그는 천재의 능력을 **미적 이념을 표현**할 수 있는 능력으로 간주한다.

예술가들의 특정한 능력을 쉽게 이해할 수 있도록 요약하는 대신에, 칸트는 새로운 개념을 통해 독자들에게 다가간다. 칸트의 개념 사용에 좀더 식견이 있는 사람이라면, 『판단력비판』 이전에 나온 저작들에서 미적 이념이라는 개념이 아무런 역할도 하지 않는다는 사실을 알고 있을 것이다.

칸트에게 이념이란 이성의 표상들(선, 자유, 신)이다. 이러한 표상들은 우리의 직관과 아무런 관련이 없다. 그렇게 때문에 '이념'이라는 개념과 '미적'이라는 술어 사이의 결합은 상당히 놀라우며 심지어 혼란스럽기까지 하다.

칸트는 49절[§49]에서 미적 이념을 다음과 같이 소개하고 있다.

> [……] 미적 이념이라고 하는 것은 상상력의 표상을 의미한다. 이 표상은 많은 사유를 유발하지만 어떠한 특정한 사상, 즉 **개념**도 이 표상을 감당할 수 없다. 따라서 어떠한 언어도 이 표상에 완전히 도달하여 그것을 설명할 수는 없다.(A 190)

미적 이념은 이성 이념의 반대 짝을 이룬다. 후자에서는 어떠한 적합한 직관도 감당할 수 없는 표상이 문제이다. 따라서 이성 이념과 미적 이념은 그 의미의 차이에서 대척 관계를 이룬다. 즉 이성 이념에서는 직관에 대한 지성적·개념적 능력이 주도적이라면, 이와 대조적으로 미적 이념에서는 풍부한 직관 재료들이 개념적 고착화를 능가한다.

예술가가 자신의 작품에 미적 이념을 표현한다면, 그는 우리의 개념적 지식과 관계하긴 하지만 부단히 그 한계를 넘어서는 표상을 제공해준다. 칸트는 이러한 한계 초월을 아주 긍정적으로 평가한다.

> 그런데 어떤 개념 아래에 상상력의 한 표상이 놓이게 되면, 이 표상은 그 개념을 현시하게 되지만 그 자체로서 단독으로 보면 도저히 하나의 특정한 개념 속에 총괄될 수 없을 만큼 많은 것을 사유하게 하는 자료가 된다. 따라서 이 표상은 개념 자체를 무제한으로 미적으로 확장하게 되는데, 이런 경우에 상상력은 창조적이며 지적 이념의 능력(이성)을 움직이게 한다. 〔……〕(A 192)

칸트는 아래에서 이러한 일반적인 규정들을 몇 가지 예시를 통해 설명하려고 한다. 그러면서 그는 감각을 일으키는 아주 특정한 형식의 표현, 즉 비유적인 상징물로 돌아간다.

발톱에 번개를 든 독수리를 묘사하고 있는 그림은 일반적으로 받아들여지는 비유적 상징의 맥락에서 보면 유피테르 자체를 표현한 것이거나 아니면 특정한 인물을 유피테르로 비유한 것이다.

이러한 서술 방식은 그 단어의 엄밀한 의미에서 보면 논리적이지 않다. "인간의 아버지 및 신"[21] 개념과 독수리의 동물학적 종 사이에는 일종의 직접적인 결합이 산출될 수 없는 것이다. 그 상징적인 묘사가 그리스 로마 신의 계보에서 독수리가 우두머리라고 주장하는 것은 아니다. 오히려 독수리와 신의 결합은 신화적인 서사, 즉 간접적인 연상과 근친성을 경유하여 산출된 것이다. 요컨대 강인함 내지 권력의 속성이 신화에 나타난 신성神性 혹은 독수리와 결합한 것이다.[22]

---

21) 호메로스Homeros에 의하면 제우스이다. 『일리아스Ilias』 I, p. 544.
22) 칸트는 그가 든 예에서 상징물인 제우스/유피테르를 제각기 독수리/번개에 대응시키고 있다.

   1. 번개 상징
   최고의 신성으로서의 제우스/유피테르는 아주 초기 단계인 호메로스 이전의 전승 신화에서 각각 하늘의 신과 기후의 신으로 여겨졌다. 이런 시각에서는 뇌우와 같은 악천후는 이 신의 권한이다. 신은 번개를 무기로 삼아 위협적인 권능을 행사했다. 라틴어 "iuppiter fulgur"의 어원은 여기서 유래한 것이다.

   2. 독수리 상징
   이것은 제우스/유피테르를 번개나 그 밖의 기후 현상과의 맥락에서 파악하는 것으로부터 상대적으로 독립시켜, 독수리와 제우스/유피테르를 직접적으로 결합시킴으로써 파악된다. 가장 위엄 있고 고상한 새[鳥]로 간주되는(호메로스, 『일리아스』 VIII p. 247; 아리스토텔레스, 『동물지 Historia animalium』 9.32, 618b 18~619b 12; 플리니우스Plinius, 『박물지 Naturalis historia』 10, p. 6) 독수리는 다양한 방식으로 최고의 신인 제우스/유피테르를 연상시킨다. 한 단계 더 나아가 전설에 의하면, 신 스스로 따라서 미적 이념을 표현하는 예술품은 어떤 직접적인 술어적 기술을 하지 않는다. 그것은 특정 표현 대상에 대해 주장하는 식의 문장으로 말하지도 않는다. 그 대신에 간접적인 방식으로 개별 대상에 대한 표시가 주어진다. 그러한 의미 구성의 간접적이고 불분명한 형식을 이해하기 위해서는 감상자 스스로가 능동적이어야만 한다. 감상자는 은유와 연상을 의식할 수 있으며, 그 사이에 놓인 관계를 산출할 수 있다. 미적 이념이라는 관점에서 감상자는 스스로 능동적이기 때문에, 칸트는 미적 이념이 표현에 생생하게 영향을 끼치고 있는 것에 대해 언급하고 있는 것이다.

미적 이념의 개념에 대해 칸트는 다음과 같이 요약한다.

가 동물로 변한다는 이야기도 있다. 예컨대 가니메데스Ganymed 신화에서 제우스는 독수리의 형상으로 나타난다. 발톱에 번개를 들고 있는 독수리 그림에 대해서는 플리니우스의 문헌에 흥미로운 설명이 있다. "여지껏 (독수리)에게 번개가 들이닥친 적이 없다라고 말하는데, 그러한 언어 사용 때문에 유피테르의 호위병이라고도 불린다."(플리니우스, 같은 책, 라틴어-독어판, R. König(Hg.), München/Zürich, 1986, p. 25)
근대 표장학標章學Emblematik 분야에서 '독수리'와 '번개' 사이의 결합에 대한 증거들이 손쉽게 발견된다. 이에 대해 A. Henkel, A. Schöne(Hgs.), *Emblemata: Handbuch zur Sinnbildkunst des XVI und XVII Jahrhunderts*, Stuttgart, 1967, pp. 758~762을 참조하라.
칸트는 번개를 들고 있는 독수리 그림을 고대 전설의 맥락에서 떼어내고, "숭고와 창조의 권능"이라는 개념의 테두리에 놓여 있는 표상을 자유로이 연상시키게 하는 네에 활용한다. 이 상과 결합된 표상들은 그러한 관점에서 보았을 때, "[……] 우리가 단어를 통해 규정된 개념으로 표현할 수 있는 것보다 더 많은 것을 사고하도록 해준다. [……]"(A 193)

[……] 미적 이념이란 어떤 주어진 개념에 부수하는 상상력의 표상이다. 이 표상은 상상력이 자유롭게 사용될 때에 매우 다양한 부분 표상들과 결합되기 때문에 특정한 개념을 표시하는 말로는 표현될 수 없다. 따라서 그러한 상상력의 표상은 언표할 수 없는 많은 것을 개념에 덧붙여 사유하게 하고, 이 언표할 수 없는 것에 대한 감정이 인식능력에 활기를 불어넣으며 한갓 문자로서의 언어에 정신을 결합시키게 되는 것이다.(A 195)

이러한 규정은 지금까지 논의되지 않았던, 미적 이념의 개념에서의 어떤 측면을 언급하고 있다. 확실히 칸트는 예술적 표현의 의미를 풍부한 의미의 현시에서뿐만 아니라 미적 경험의 정서적 측면에서도 보고 있는 셈이다.

다시 말해 칸트에 의하면 우리가 미적 이념의 표현으로 이해한 대상들은 그 풍부한 의미 내용뿐만 아니라 관찰자의 감정 능력 내지 감각 능력과도 결합되어 있는 것으로 특성화할 수 있다.

이러한 점을 더 정확히 이해하기 위해서 우리는 다시 한번 칸트의 예시를 살펴볼 필요가 있다. A 193f에서 칸트는 "태양"이라는 시적인 표현법에 대해 말하고 있다. 먼저 칸트는 프리드리히 2세가 불어로 쓴 시 몇 편을 다소 딱딱하고 서툴게 번역한다.[23] 이 시에서는 죽은 후에까지 그 영향이 느껴지는 어느 자기

---

23) 칸트는 자신이 의지하던 최고위 영주, 즉 왕이 쓴 "Epitre XVIII-Au Maréchal Keith"의 마지막 시구를 인용한다. 왕의 시는 번역된 것보다

희생적인 인간의 선행이 석양에 지는 해의 부드러운 불빛에 비유된다. 그 시는 태양이라는 메타포를 통해 선한 행동 혹은 "세계시민적 신조" 개념을 규정하고 있는 것이다. 여기서는 선행 개념이 논의의 결론이다. 시는 직관적인 범례를 통해 은유적으로 확장되면서 마무리되고 있다.

그러나 또한 역으로 직관적인 범례가 개념적인 추가 규정을 통해 새로운 차원으로 승화되는 것도 가능하다. 칸트가 든 예로 "미덕으로부터 평화가 흘러나오듯 태양이 솟아오르네Sonne quoll hervor, wie Ruh aus Tugend quillt"라는 구절이 나온다.

이 두 언어 사용 형식에서 결정적인 점은 감상자 내부로부터 감정과 느낌을 깨닫는다는 것이다. 칸트는 인용한 시구에 대해 다음과 같이 해설하고 있다.

> 우리가 단지 머릿속에서 어느 유덕한 사람의 자리에 서보기만 해도, 덕의 의식에는 그 심의 속에 숭고하고 차분한 여러 감정과 즐거운 미래에의 무한한 전망이 펼쳐진다. 〔……〕(A 194)

인용된 예는 위에서 설명한 주석에 대한 인상 깊은 증거인데, 그에 따르면 미적 이념에서는 순수한 개념적인 규정에 비해 직

훨씬 낫다. 이에 대해서는 다음의 문헌을 참조하라. *Œuvres de Frédéric le Grand X*, Berlin, 1849, pp. 194~203.

관 재료가 과잉되어 있음이 지적될 수 있다.[24] 미덕 개념이나 유덕한 행위의 영향을 개념적인 사유로만 제한한다면 칸트가 기술한 공식을 제대로 이해할 수 없게 된다.[25] 미덕이나 선한 행동이 제대로 이해되려면, 사용된 표현의 의미상 내포에 주목하면서 주제가 되고 있는 각각의 그림 및 대상들 사이에 있을 수 있는 유사성을 인식해야 한다.

은유적인 언어 사용을 이해하는 데에 엄격한 규칙이 없는 것과 마찬가지로, 은유나 미적 이념을 산출해내는 규칙을 정식화하는 것도 불가능하다. 천재적인 예술가는 이러한 능력을 소유하고 있지만, 그는 자신의 능력을 스스로 설명하지도 못하며 타

---

[24] 오늘날 예술이론에서 미적 이념 개념은 중요한 의미가 있다. 이에 대해 B. Scheer, *Zur Begründung von Kants Ästhetik und ihrem Korrektiv in der ästhetischen Idee*, Frankfurt/M., 1971을 참조하라. 다른 문헌에서 나는 미적 이념 개념이 클라이스트H. v. Kleist의 소설의 예와 어떤 관련이 있는지 보이고자 하였다. 이에 대해서는 내가 쓴 책을 참고하라. D. Teichert, *Erfahrung, Erinnerung, Erkenntnis-Untersuchungen zum Wahrheitsbegriff der Hermeneutuk Gadamers*, Stuttgart, 1991, 특히 pp. 15~20.

[25] 이렇게 확장된 미학 개념을 거부하는 사람은 다음과 같은 이의를 제기할 것이다. 즉 우리는 가급적이면 좁은 의미의 순수 개념적 규정으로 제한하면서 어떻게 선 개념이 규정될 수 있는지 그 정당성을 증명해야 한다고. 물론 이러한 반론에 대해 칸트는 구체적인 대답을 하지는 않는다. 하지만 그는 선 개념이 특정한 행동 형식에 대한 어떤 감정적인 유의미성을 잃어서는 안 된다고 주장한다. 만일 실천철학자[도덕철학자]가 윤리적으로 정당화된 준칙에 합당한 행위에 대해 아무런 존중과 사랑을 보이지 않는다면, 그는 공허한 사고에 머물러 있는 것이다.

인들에게 이를 전수하지도 못한다.

천재는 참된 예술가에 대한 일종의 표지이다. 취미란 아름다운 대상을 판단하는 능력이다. 칸트는 예술을 철저히 아름다운 예술로 규정했기 때문에, 천재와 취미 개념은 밀접한 관계가 있다. 천재는 취향의 원리에 합치되는 예술품을 산출해낸다. 성공적인 예술품은 그것이 아름다운 예술의 산물인 경우에 한해서 언제나 미적 판단력의 욕구를 충족시킨다.[26]

그러면서도 칸트는 예술가의 작업이 혁신적이고 놀랄 만한 결과를 산출하는 창조적인 과정임을 결코 무시하지 않는다. 여기서 예술 창조의 독창성 내지 자기 의지와 취미에 의한 판단 사이에 갈등이 있을 수 있다. 이러한 점은 창조적 독창성과 마음에 드는 아름다운 형식, 이 둘 가운데 어느 것이 우선적일 수 있는가 하는 문제를 형성한다. 이 갈등에서 취미와 천재 중 어느 쪽이 우선할까?

칸트의 말에 의하면 예술가는 자신의 창조적·혁신적인 아이디어를 취미의 관심하에 두어야만 한다. 천재적인 소질만이 창작 과업을 규정한다면 야성적이고 무질서하며 이해 불가능한 형상이 출현한다는 것이다.

　　천재의 상상력이 〔……〕 무법칙적 자유에 머물 때 다름 아닌 불합

---

[26] 칸트는 여기에는 필연적 조건 conditio sine qua non이 관건이라고 역설한다.

리한 것이 산출된다. 그런데 판단력은 상상력을 오성에 적응시키는 능력을 말한다.(A 200)

미학과 예술이론의 기본 개념들을 상세히 다루고 난 후, 이제 칸트는 다양한 형식의 예술 활동이 어떤 방식으로 정리, 분류되는지로 관심을 돌린다. 여기서 그는 각주를 통해 자신의 시도가 **예술 장르 분류**에 대한 시론적 제안임을 밝히고 있다. 이전의 분석과 달리 이 부분에서는 궁극적인 문제 해결과 같은 주장을 하지는 않는다.

칸트는 분류의 원칙으로 우리가 여전히 사용하고 있는 세 가지 형식의 의미 전달 방식을 사용한다. 즉 언어(음절Artikulation), 몸짓(표정Gestikulation) 그리고 소리(변조變調Modulation)가 그것이다.

이 세 가지 표현 방식에 상응하여 각각 세 가지 예술 장르가 분류된다.

(1) 문학,[27] (2) 조형예술[28] 그리고 (3) "감각의 유희 예술".[29]

---

[27] 칸트는 "언어예술"을 다시 "웅변술"과 "시문학"으로 나눈다.
웅변술은 언어 표현에 대한 학습된 능력으로 이해되어야 한다. 수사학적 훈련을 통해 양성되고 계발되는 이 능력은 특정한 목적에 유익하다. 예컨대 변호사, 목사, 정치가에게는 훌륭하게 말하는 것이 중요하다. 문학예술의 경우와 달리 이러한 언술은 아주 구체적인 목적에 유익한 것이다. 칸트가 말하듯이 언술은 "오성의 경영"을 행하는 것이다. 반면에 시인은 자신의 텍스트로 어떠한 목적도 꾀하지 않는다. 그는 언어와 이념으로 유희할 뿐이다. 하지만 칸트는 이러한 활동에 커다란 의미를 부

각각의 예술 형식은 서로서로 결합될 수 있다.[30)]

칸트는 미적 판단에서 표현된 대상의 형식이 결정적임을 항상 강조한다. 자극과 감흥이 전면에 등장하게 되고 감각적 향유가

여한다. 왜냐하면 시적인 언어는 이미 위에서 언급했듯이 우리의 오성을 자극하여 우리의 개념을 확장시켜주기 때문이다. 이것은 일반적으로 수사적 언변에서는 주장될 수 없는 것이다.

28) 칸트는 조형예술을 다시 조소와 회화로 나눈다. 이 두 가지 하위분류 사이의 차이는 조소가 3차원적 작품을 산출하는 데 반해, 회화는 단지 2차원에서만 작업이 이루어진다는 데에 있다.

조소는 다시 조각과 건축술로 나뉜다.

재미있게도 칸트는 회화를 좁은 의미에서 회화(그림 그리기)와 원예술로 분류한다. 게다가 그는 회화에 실내 장식과 의상("부인들의 성장盛裝")을 집어넣는다. 이러한 분류 방식이 특이한 점은 원예, 건축 인테리어, 의상과 같은 예술 장르가 결코 2차원적이지 않다는 것이다.

29) 이 세 번째 장르는 비교적 자의적이다. 칸트는 감각의 유희 예술로 두 가지를 든다. 즉 음악과 색채 예술이 그것이다. 이미 언급한 바 있듯이 여기서 칸트가 색채적 형상화는 조형예술의 부차적인 계기라는 주장을 고수하고 있음이 분명하다.

30) 칸트에 따르면 드라마는 웅변술과 회화적 표현의 종합으로 규정된다. 이러한 칸트의 설명이 분명하지는 않다. 아마도 오히려 드라마를 웅변술과 회화의 결합으로 규정하는 것보다는 시와 조형예술의 종합이라고 말하는 것이 훨씬 적합한 것 같다. 배우가 3차원의 공간에서 움직인다는 사실을 칸트가 무시한 것은 연기를 개별 장면의 연속으로 개념화하고 연기 동작의 요소들을 본격적인 핵심 장면으로 간주하여, 그 속에서 중심적인 순간에 주목하려 한 의도로 보인다.

또 다른 칸트의 소합에 따르면 기극歌劇은 음악과 서정시의 결합으로 생긴 것이다. 여기에 연극적 표현이 가미되면 오페라 형식이 출현하게 된다. 마찬가지로 율동과 음악이 결합되면 무용이 된다.

미적 경험을 일반적으로 규정하게 되면, 감상자는 원래 취미판단의 기초가 되는 대상 표상의 주관적 합목적성의 참다운 진가를 인정할 수 없게 된다.

> 〔……〕 모든 미적 예술에서 본질적인 것은 관찰과 판단의 합목적적인 형식에 있는 것이지 〔……〕 감각의 질료(자극이나 감동)에 있는 것은 아니다. 그런 경우에는 향락만이 목표가 되기 때문에 이 향락은 이념에 아무것도 남기는 것이 없으며, 정신을 우둔하게 만들고 대상을 차츰 싫증나게 만들고 또 심의로 하여금 〔……〕 자기 자신에 불만을 느끼게 하고 언짢게 만든다.(A 211f)

한편 각 예술 장르를 서열화하려는 시도는 오래된 전통이기도 하다. 하지만 회화와 조각을 비교한다든가, 혹은 칸트처럼 시와 음악을 비교한 것에서 보이듯이 이러한 시도는 다양한 관찰 방식들에 대한 정보를 제공하기도 했고 궤변적인 논쟁을 야기하기도 했다.

칸트에게는 모든 예술 장르 가운데 시가 최상의 자리를 차지한다. 아마도 시라는 장르가 인식능력과의 관련성에서 가장 탁월한 위치를 차지하는 것으로 보였기 때문인 것 같다.

칸트는 그 다음의 서열에 음악예술을 둔다. 물론 음악은 아주 낮게 평가되는데, 그 이유는 그것이 감정의 언어여서 오성에 의한 통제로부터 쉽게 이탈할 위험이 상당히 크기 때문이다.[31]

5. 미적 판단력의 변증법과 취미의 이율배반(§§55~60)

55절[§55]은 "미적 판단력의 변증법"이라는 제목으로 『판단력비판』의 독립된 부분을 시작하고 있다. 칸트는 변증법Dialektik을 선천적인 보편판단들의 갈등으로 이해한다.

미적 경험의 영역에서 서로 모순적인 상황에 처한 선천적인 보편판단이라는 것은 무엇인가?

한편 감각 쾌에 대한 감각판단의 변증법은 있을 수 없는데, 왜냐하면 이 판단들은 보편적으로 타당하지도 않으며 선천적인 타당성을 요구하지도 않기 때문이다.

마찬가지로 순수한 취미판단들도 어떠한 선천적인 보편타당성을 요구하지 않는다. 미의 분석에서 상세히 보았듯이 그러한 타당성 요구는 지극히 소심하여 타인에게 어떤 확고한 주장을 하지 않고 단지 소극적으로 동의를 구하는 것이었다. 취미판단의 선천적 순간은 대상 표상에 대한 주관적인 합목적성에 있다. 이 합목적성은 판단에서 언표되고 알려진다. 미의 분석에서 지적했

---

31) 음악에 대한 칸트의 생각은 그가 이 예술 장르를 그리 신뢰하지 않고 있었으며 동시대의 음악 예술 및 작곡 기법의 발전에 대한 지식이 없었음을 분명히 보여준다. 그에게 의미 깊은 음향적 경험은 이웃에게 소음공해로 보였던 것 같다[이에 덧붙여 음악에 대한 이러한 선입견은 서구 철학자들에게서 자주 보인다. 예컨대 플라톤도 자라나는 세대에게 영향을 끼치는 음악의 이중적인 속성을 지적한 바 있다].(B 222f 참조)

듯이 심의 상태를 알리는 것은 강한 주장과는 구별되어야 한다.

보편적으로 선천적인 문장들의 모순으로서의 변증법은 취미에 대한 비판의 맥락에서만 등장한다. 여기서 취미판단의 가능성의 근거에 대해 모순되는 견해가 있다. 따라서 미적 판단력의 변증법은 미적 경험 자체의 영역에 있지 않고, 오히려 우리가 취미판단의 논리에 대해 파악하는 상위의 차원과 관련이 있다.

변증법으로 다루어질 수 있는 원칙 사이의 갈등이 바로 취미론인 것이다. 이 때문에 칸트는 "취미의 이율배반Antinomie des Geschmacks"이라는 표현도 쓰고 있다.

이율배반의 출발점은 다음의 두 견해 사이의 갈등이다.

첫 번째 관점은 우리들 각자는 나름대로의 취미가 있다고 주장한다. 각자가 취미판단을 규정하는 근거는 주관적인 본성이다. 그 때문에 판단은 타인에 대해 어떤 필연적인 동의를 요구할 수 없는 것이다.

두 번째 관점은 취미판단은 결코 논박Disputation될 수 없다고 주장한다. 여기서의 논박은 특정한 객관적인 개념을 가지고 증거를 제시하는 것으로 이해된다.

칸트는 논박을 논쟁Streit과 구분한다. 논박이라 함은 증거를 들어서 객관적인 개념을 통해 판단을 정당화하는 것이다. 반면에 논쟁은 좁은 의미에서 아무런 증거가 주어지지 않은 경우에, 예컨대 취미판단에서도 있을 수 있다.

이러한 설명에 의거하여 칸트는 취미의 이율배반을 다음과 같이 정리한다.

1) **정립**定立: 취미판단은 개념에 근거를 둔 것이 아니다. 왜냐하면 그렇게 되면 취미판단에 관해서 논박할(증거를 통해 결정을 내릴) 수 있기 때문이다.

2) **반정립**反定立: 취미판단은 개념에 근거를 둔 것이다. 왜냐하면 그렇지 않다면 취미판단이 다르다고 할지라도 그에 관해서 논쟁할(타인들이 이 판단에 필연적으로 동의할 것을 요구할) 수조차 없게 되기 때문이다.(A 231)

위의 두 명제는 서로 모순되면서도 동시에 각각 나름대로 정당성을 주장할 수 있는 것 같다. 이러한 논리적 모순 상황에서 어떻게 헤어날 수 있는지에 대해 칸트는 이 두 문장에서 다르게 쓰이고 있는 "개념"이라는 표현에 주목하면서 설명하려고 한다. 즉 개념은 규정적이든가 아니면 비규정적이다. 오성개념은 규정적인 개념이고, 초감각과 같은 선험적 개념은 비규정적인 개념이다. 취미판단은 대상에 대한 규정적 개념을 불러오지는 않는다. 그 이유는 그렇게 하면 그것은 인식판단이 되어버리면서 오성의 관할 영역에 속하게 되기 때문이다. 취미판단이 개념과 관련을 맺는다면 그것은 비규정적인 개념이다. 이렇게 말하면서 칸트는 정립과 반정립 사이의 모순을 극복하려 한다. 이제 정립은 다음과 같이 표현된다.

취미판단은 **규정적인** 개념에 근거를 둔 것이 아니다. 〔……〕

그리고 반정립은 다음과 같다.

취미판단은 **비규정적인** 개념이긴 하지만, 어쨌든 하나의 개념에 근거를 둔 것이다. 〔……〕(A 234)

이렇게 재정식화를 통해 이율배반은 해결된다. 칸트는 취미판단이 우리의 인식능력을 활성화시킨다는 것을 보여주었다. 그러나 인식과 관련해서 취미판단을 볼 때 그것을 우리가 경험하는 개별 대상의 관점에서 오성의 활동 덕택이라고 간주하는 인식 획득과 혼동해서는 안 된다. 요컨대 취미판단은 인식판단과 비교했을 때 비非규정적인 상태에 머물러 있다. 이미 칸트는 이러한 비규정성이 인지적으로 관련이 있을 수 있다는 사실을 미적 이념에 대한 소개에서 말한 바 있다. 물론 거기에서도 유동적인 개념을 단일한 의미로 고정시킬 수는 없다고 주장하였다.

취미판단에 기초하고 있는 비규정적인 개념에 대한 언급은 어떤 추가적인 규정을 통해 보완된다. 이러한 규정은 사변적인 의미를 통해 지금까지의 설명을 끌어올린다. 칸트는 취미판단에서의 비규정적인 개념들이 인간성의 초감각적 토대로 간주될 수 있을지도 모른다고 말한다.(A 233f) 칸트가 애초의 정식화를 고수한 것은 단일한 의미의 해석을 중단시키려는 의도에서였다.

이 부분에서 칸트의 사유는 순수한 취미판단에 대한 분석으로부터 훨씬 멀어지고 있다. 논의는 이제 미적인 경험에 놓여 있는 인지적 잠재 능력에 대해 일종의 철학적 해석을 하는 방향으로 흐른다. 미적 경험은 우리에게 세계 속에 있는 개별 대상에 대해 아무것도 가르쳐주지 않으며 또한 단순한 감각 향락도 아니다. 오히려 미적 경험은 미적 관점에서 지각되는 세계와 표준적인 방식에서 조화를 이루는 인간 지성의 자기반성이다.

이제 칸트는 미에 대한 최종적인 해석을 내린다. 순수 취미판단에 관한 이론에서 보았을 때 취미판단의 자율성과 관련된 본질적인 규정들이 무효화되는 것은 아닐까 하는 인상을 받게 된다. 하지만 그렇지만은 않다. 오히려 칸트는 지금까지의 분석에 입각하여 미적 경험의 일반적인 의미를 다루려고 한다.

미는 인륜人倫Sittlichkeit의 상징으로 특징지어진다. 그렇다고 해서 '아름답다＝선하다'라는 단순한 등식이 성립하는 것은 아니다. 이러한 등식, 혹은 미를 선으로 환원하는 것은 사실상 미의 분석과 모순된다. 따라서 여기서 칸트가 미를 선의 상징으로 규정했을 때, 그가 무엇을 말하고 있는지 아는 것이 중요하다.

상징은 선천적으로 개념에 놓여 있는 직관이다. 이러한 직관은 개념들에 대한 간접적인 표현을 내포한다. 상징적인 표현은 비유를 활용한다.

이에 칸트는 다음과 같은 예를 든다. 법치국가의 원리에 입각한 군주제는 영혼이 깃들어 있는 육체의 상象으로 표현될 수 있다. 이와 반대로 전제적인 체제는 하나의 기계(손으로 찧는 절구) 그림으로 묘사될 수 있다.

전제적인 지배와 어떤 기계는 직접적으로 아무런 관련성이 없다. 하지만 칸트의 표현대로 영향 관계라는 메커니즘에 대해 성찰하면서 그 둘을 서로 관련지을 수는 있다.

그렇다면 미는 도덕적인 것에 대해 어느 정도로 간접적인 표현인가? 칸트에 따르면 미와 도덕 및 선 사이의 근친성을 구성하는 네 가지 계기가 있다.

1. 만족의 직접성. 우리는 미에서뿐만 아니라 도덕 및 선에서도 직접적인 만족을 느낀다.

다만 그 차이는 선에 대한 쾌가 개념을 통해 규정된다는 점에 있다. 그러나 미에 대한 쾌에서는 그렇지 않다.

2. 미는 어떠한 관심을 떠나 만족을 준다. 선에서의 관심은 실천적 판단을 통해 비로소 일깨워진다.

3. 미의 관점에서 상상력과 오성은 조화로운 관계에 있다. 실천적 판단에서 의지는 보편적인 이성 법칙의 규준에 의거하여 자기 자신과 합치된다.

4. 취미판단과 실천적 판단 둘 다 보편적인 타당성을 요구한다. 둘의 차이는 취미판단은 개념에 의해 규정되지 않는 반면, 실천적 판단은 선 개념을 통해 규정된다는 점이다.

칸트는 미적인 태도와 실천적 태도 사이의 유사성을 강조한다. 미에 대한 가치 평가는 도덕적·실천적 태도를 훈련하는 데에 있을 수 있는 기초를 제공할 수 있다. 미적 경험에 대한 이러한 해석은 칸트 이후의 사상가들에게 받아들여지는데, 특히 쉴러에 의해 예술의 이상주의적 이론으로 발전된다.

칸트가 미적 경험과 이론적 지식 형성 및 도덕적·실천적 인식과의 관련성에 대해 점차 깊이 고찰하고 있는 것이 분명하다. 여기서 미적 경험은 중요한 부문으로 인식될 수 있다. 미적 경험은 세계에 대한 전망을 열어주는데, 그곳에서 서로 분리된 이론적 지식과 도덕적·실천적 행위 영역의 통합이 엿보인다. 이러한 통합은 합목적적인 것으로 판단되는 세계 현상이라는 관점으로 볼 때 주체의 인식능력을 강제성 없이 결합시킨다는 점에서 분명한 것으로 보인다.

2장 목적론적 판단력비판

우리가 오로지 『판단력비판』에서 미적·예술이론적 문제를 논의하는 부분에만 관심을 갖는다면 60절[§60]까지만 읽으면 끝난다. 물론 이 부분까지만 읽는 것에 양심의 가책을 느끼지 않는 것은 아니다. 왜냐하면 칸트가 아무런 정당한 이유 없이 "미적 판단력비판"을 목적론적 판단력에 대한 연구와 결합시켰던 것은 아니기 때문이다. 이 두 부분은 단지 우연히 연결된 것이 아니라 다 함께 칸트의 판단력비판의 본질적인 측면을 소개하고 있다. 이러한 이유 때문에 아래에서는 『판단력비판』의 핵심적인 두 번째 논의를 다루기로 하겠다. 여기서는 목적론에 대해 상세하게 설명하지 않고 단지 간결하게 조망하는 것으로 만족하겠다.[32]

---

[32] 칸트의 목적론 개념에 대한 상세한 논의로는 P. McLaughlin, *Kants Kritik der teleologischen Urteilskraft*, Bonn, 1989를 참조하라.

1. 목적론적 판단력의 분석(§§62~68)

『판단력비판』의 두 번째 부분의 서두는 우리가 목적의 관계라는 관점에서 취미판단에 대한 칸트의 분석을 돌아보면(§§10~17 참조) 비로소 그 의미가 잘 드러난다. 여기서 목적 및 합목적성 개념이 도입되고 목적론 개념에 대한 고찰과 관련 있는 중요한 구분이 내려진다.

"미적 판단력비판"은 대상에 대한 주관적 합목적성을 고찰했다. 이러한 합목적성은 감각자극으로 느껴지든가("x는 유쾌하다"=질료적인 주관적 합목적성), 아니면 취미에 의해 판단된다("x는 아름답다"=형식적인 주관적 합목적성). 이 두 경우에 주체는 일차적으로 표상 혹은 대상의 의미에 관심이 있다. 대상의 속성 자체는 **주관적 합목적성**에 대한 판단의 중심에 있지 않다.

이제 "미적 판단력비판"의 주관적 합목적성은 대상 내지 대상 표상의 **객관적 합목적성**에 자리를 비켜준다. 바로 이 객관적 합목적성이 목적론적 판단력비판에서 본격적으로 다루어지며 다음과 같은 도식이 성립된다.

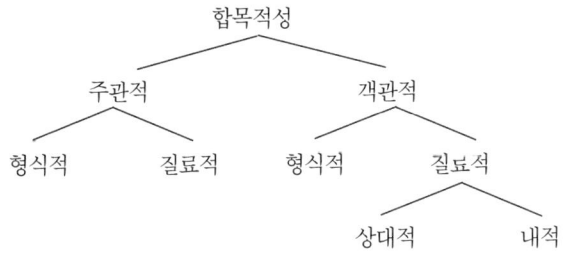

형식적인 객관적 합목적성에 대한 예로 칸트는 기하학적 도형을 든다.(§62, A 267ff) 그러한 도형에서 다양한 합목적적인 비례 관계가 확인될 수 있다. 분명한 도형의 합목적성이 객관적인 이유는 그것이 대상들의 특정한 부분들의 관계와 서로 관련을 맺고 있기 때문이다. 그것이 형식적인 이유는 대상의 비례가 특정한, 개념적으로 분명히 파악되는 관계에 있다고 말할 수 있기 때문이다. 그렇다고 그 관계가 합목적적으로 판단된 기하학적 도형의 속성으로서 구체적인 목적을 실현하고 있다고 주장해서는 안 된다.[33]

객관적-형식적 합목적성의 반대편에 객관적-질료적 합목적성이 놓여 있다. 칸트는 상대적 합목적성과 내적 합목적성을 다시 구분하면서 객관적-질료적 합목적성의 부문에 대해 아주 중요한 구분을 한다.(§63, A 275ff) 첫 번째 부분에서는 상대적 합목적성이 다루어지고 있다. 이렇게 긴 용어(객관적-질료적-상대적 합목적성)를 짧게 요약하는 개념도 가능한데, 칸트는 이 부분에서 "유용성Nutzbarkeit" 혹은 "실효성Zuträglichkeit"이라는 다른 표현을 사용하기도 한다.

이러한 종류의 합목적성에 대한 예는 자연 세계에서 찾을 수

---

[33] 이러한 의미에서 볼 때 원의 둘레가 중심으로부터 같은 거리에 떨어져 있는 상황을 도형의 합목적적 속성의 예로 파악할 수 있다. 그렇다고 이러한 상황이 특정한 목적을 충족시켰다고 말할 수는 없다.

있다. 예컨대 눈은 추운 지방에서 땅속에 묻힌 씨앗의 동결을 막아주고, 나일강의 범람은 주변에 비옥한 옥토를 조성해주며, 북부 독일의 거대한 지역에 펼쳐져 있는 모래흙은 가문비나무 숲을 무성하게 해주는 좋은 조건이 된다. 이러한 합목적적 혹은 유용한 관계는 우리 주변 도처에서 찾을 수 있다. 하지만 칸트가 이러한 합목적성을 상대적 내지 외적인 것으로 불렀다는 점은 우리가 그러한 관찰을 통해 사물에 대한 어떤 것을 경험하긴 하지만, 대상에 대한 어떤 고유한 설명이나 규정을 얻지는 못한다는 사실을 강조한 것이다. 유용성 내지 실효성은 대상을 엄격한 의미에서 규정하거나 설명하지 않는 우연적인 관계로 보인다.[34]

이어지는 부분에서 칸트는 객관적-질료적-내적 합목적성 개념을 설명한다. 이러한 형식의 합목적성은 칸트가 **자연목적** Naturzweck이라고 부른 대상에서 찾을 수 있다.(§64, A 280ff) 이 자연목적 개념은 칸트의 목적론 논의에서 핵심적인 부분이다.

---

[34] 우리는 씨앗의 동결을 막기 위해서 눈이 존재한다고는 말할 수 없다. 왜냐하면 분명히 경작과는 아무런 관계가 없는 지역에도 눈이 오기 때문이다. 따라서 이러한 눈에 대한 정의 내지 설명은 합목적적이긴 하지만 우연적인 관계를 기술하는 것과는 전혀 다른 것으로 보인다. 칸트가 구분한 외적/내적 합목적성은 추가 설명을 함으로써 명료해진다. 즉 유용하고 실효성 있는 대상은 그 자체로 내적인 합목적성으로 특징지어진다. 따라서 유용성/실효성이라는 표현은 자연목적(유기체)과 관련을 맺는다.

그것은 무엇을 뜻할까?

칸트의 정식을 인용하면 "[……] 사물이 **그 자체로** [……] **원인과 결과**인 경우 그것은 자연목적으로 존재한다[……]."(A 282)

언뜻 보면 이 규정은 지극히 낯설다. 일반적으로 우리는 원인과 결과의 관계를 원인이 결과에 선행하는 것으로 이해한다. 말하자면 내가 책상에 놓인 공을 손으로 건드리면, 그 공은 고른 면 위에서 구른다. 여기서 건드리는 행위가 이 운동의 원인이 된다. 그리고 결과, 즉 공이 구르는 것은 시간적으로 원인에 뒤따르는 것이다.

이러한 원인과 결과의 관계에 대한 이해에서 보았을 때 어떤 대상이 그 자체가 원인이면서 동시에 결과가 된다고 하는 것은 상당히 기이하게 들린다.

이 규정을 설명하기 위해 칸트는 많은 예를 든다. 즉 나무가 환경으로부터 부단히 자양분을 흡수하고 자신의 성장에 사용하면서 나무는 스스로를 개체로서 산출한다. 자양분은 바로 성장의 원인으로 간주된다. 이 원인의 결과 즉 생명 기능의 유지는 다름 아닌 계속적인 성장을 위한 조건 내지 결과이다. 칸트는 이러한 설명이 그러한 인과론적·기계론적 맥락에서는 충분히 규정될 수 없음을 강조한다.

이러한 설명을 통해 목적론 개념의 폭발력은 분명해진다. 여기서 우리가 자연을 오로지 원인과 결과의 구도에서 기계론적으로 설명하는 것, 혹은 자연과학에서도 목적 개념에 대해 언급하는 것이 가능한지 등과 같은 질문이 제기된다. **인과성과 목적론 사이의 관계**가 논의 중심으로 등장하는 것이다. 목적론적인 기술이 우리의 지식 형성에 구성적인지 아니면 단순히 보충적인 관찰 방식이 문제인지와 같은 질문을 설명하는 것이 필요하다.

인과적으로 설명한다는 말은 원인이 없다면 아무것도 일어날 수 없다는 확신에서 나온다. 인과법칙은 우리가 경험을 통하여 획득하는 명제가 아니라 선천적인 종합명제이다. 이러한 인과관계에 입각하여 우리는 비로소 특정한 경험을 할 수 있게 된다.[35]

칸트의 "자연 메커니즘Naturmechanismus"(A 283)이라는 표현은 인과적 설명 개념과 어떤 관계에 있을까? "자연 메커니즘"이라는 표현은 자연을 기계적 체계로 이해하는 것이다. 이 체계가 기계적인 이유는 제 요소로 이루어진 몸체가 상호 작용하면서 자연적으로 진행된다고 설명하기 때문이다. 뉴턴 물리학은 인과론적·기계론적 설명을 모범적으로 사용하고 있는 학문이다. 칸트는 이 연구 방식이 칸트에 의해 과학적 지식 구성을 위한 모범적인 사례로 인정하였다.

65절[§65]에서 칸트는 자신의 자연목적 개념을 설명하기 위해 다음과 같이 두 가지 설명 방식을 대비시키고 있다.

---

[35] 칸트가 말하는 인과성 개념에 대한 자세한 내용을 여기서 본격적으로 다루지는 않겠다. 이러한 내용을 칸트는 같은 맥락에서 경험에 비유하여 『순수이성비판』의 B 218ff에서 잘 설명하고 있다.

인과 결합은 〔……〕 언제나 (원인과 결과의) 하향적 계열을 만드는 연결이다. 그리고 그 자신이 결과로서 원인으로서의 다른 사물들을 전제하는 사물들은 동시에 거꾸로 다른 사물들의 원인이 될 수가 없다. 〔……〕 그러나 그와 반대로 (목적의) 이성 이념에 따르는 인과 결합 또한 고려될 수 있는데, 만일 이 인과 결합도 계열로 간주될 수 있다면 그것은 하향적으로나 상향적으로나 의존 관계를 맺게 될 것이요, 이 의존 관계에 있어서는 일단 어떤 것의 결과라고 불린 사물도 상향적으로는 바로 그것의 원인이라고 일컬을 만하다.(A 285)

두 번째 방식의 인과관계에 대한 칸트의 예로는 이미 제시한 바 있듯이 부자가 되고 싶은 목적에 소설을 쓰려는 뒤퐁 씨의 경우가 해당된다. 베스트셀러는 이윤의 원인이며 동시에 이윤이라는 생각은 베스트셀러의 원인이기도 하다.[36]

여기서 우리가 원인-결과 구도 대신에 목적-수단 구도를 사용한다면 이 구도가 언어적으로 더욱 분명해진다. 즉 책은 뒤퐁 씨가 자신의 목적(이윤)을 실현하는 수단이 된다.

그러나 인간 행동의 목적에 대한 표현과는 달리 특정한 대상에서 자연이 실현하는 목적을 도대체 누가 설정하는지는 불분명하다. 분명히, 칸트도 마냥 위험을 무릅쓰고 후진을 거듭하여 자연의 목적을 처음으로 규정하면서, 그것을 통해 자연의 합목적

---

[36] 이와 같은 문제와 관련지어, 또한 McLaughlin, 같은 책, p. 37을 참조하라.

적 속성을 부여했던 창조주를 일컫고 있지는 않다. 오히려 그보다는 자연이 그 자체로 목적을 추구하고 동시에 그 산물을 수단으로 다시 목적을 실현한다는, 일종의 은유적인 표현 방식이 엿보인다. 그렇다면 우리는 그러한 종류의 은유적 표현 방식을 어떤 근거에서 받아들여야만 하는가? 그러한 설명 방식은 자연 연구라는 명쾌한 분야에 혼란만 가져다 주는 것은 아닐까?

칸트가 목적론적 기술에 몰두하는 근본적인 이유는 우리가 인과론적·기계론적 규정의 맥락에서 몇몇의 대상에 비추어 하는 설명은 곧장 만족할 만한 수준이 아니라는 데에 있다. **목적론은 인과성의 경쟁 개념이라기보다 그 보완 개념으로 보인다.** 칸트도 인과론적·기계론적 설명의 의미 내지 그 정당성을 아무 의심 없이 인정한다. 그러나 칸트는 대상을 기술하는 데에 목적론이 본질적인 형식이라고 여긴다. 그러면서 그는 특히 생물학의 연구 대상들에 관심을 가진다. 왜냐하면 유기체[37]의 관점에서 보았을 때 인과적 설명은 불충분한 것으로 보였기 때문이다.

> 자연의 그와 같은 산물에 있어서 각 부분은 오로지 다른 모든 부분에 의해서만 존재하며 또한 다른 부분과 전체를 위해서 현존하는 것으로, 다시 말해 도구(기관)로 생각된다. 그러나 이것만으로는

---

37) 칸트 스스로는 유기체란 개념을 사용하지 않는다. 이 개념은 17세기인 당시에는 아직 등장하지 않았다. 그 대신 그는 "유기화된 존재organisiertes Wesen"라는 개념을 사용한다.(§65, A 285)

충분하지 않다. 〔……〕 오히려 각 부분은 다른 부분들을 **산출하는** 기관으로 생각된다. 그리고 이러한 기관은 기술의 도구일 수는 없고, 오직 도구에 대해서 〔……〕 일체의 질료를 공급하는 자연의 도구일 뿐이다. 그리고 오직 그 때에만, 또 그 때문에만 그와 같은 산물은 **유기적이며 자기 자신을 유기화하는 존재**로서 하나의 **자연목적**이라고 불릴 수 있는 것이다. 〔……〕 그러므로 유기적 존재는 단지 기계에 불과한 것은 아니다. 왜냐하면 기계는 오로지 **움직이는 힘**만을 가지고 있기 때문이다. 반면에 유기적 존재는 자신 속에 **형성하는 힘**을 가지고 있다.(A 288)

유기체의 모범으로 임의의 식물이 제시된다면, 기계에 대한 표준적인 사례는 시계이다. 물론 시계도 그 각 요소들이 합목적적으로 관련을 맺고 있는 일종의 유기화된 조직이긴 하다. 하지만 시계의 톱니바퀴, 나사, 바늘은 그 자체로 형성되어 있지 않으며 스스로 생식할 수도 없다는 점이 결정적이다. 그에 따라 유기체 개념은 유기화된 속성에 의해서뿐만 아니라 성장, 생식, 자기 보충 등과 같은 측면에 의해서도 특징지을 수 있다.

따라서 목적론적 기술은 생명체의 구조와 기능의 관계가 연구되는 곳에서 유의미한 것으로 보인다.

물론 칸트는 **목적론의 타당성 요구**를 제한한다. 그는 자연목적에 대한 목적론적 표현이 단지 **규정적으로만** 이해되어야 한다고 주장한다. 규정적 개념 내지 원리들은 우리가 어떻게 특정한 대상들을 의미 있게 이해할 수 있는지에 대해 알려준다. 우리가 자연목적 개념을 단지 규정적인 것으로만 사용한다면 다음과 같은 주장을 하게 된다. 즉 먼저 이성적 존재가 그것을 의도적으로 산출한다는 가설에서 출발할 때 비로소 우리가 인식할 수 있는 자연물이 있다고.

이러한 가설은 우리로 하여금 아마도 나중에 인과론적·기계론적 설명을 가능하게 해주는 대상에 대해 어떤 규정을 하도록 할 것이다. 그렇게 되면 목적론적 기술은 인과론적·기계론적 설명을 탐색하는 데에 필요한 일종의 발견적 수단일지도 모른다. 당연히 목적론적 기술은 자연과학 이론의 핵심에는 속하지 않는다. 우리가 설명을 대상에 대한 인과적 유추(혹은 결과에 대한 원인의 진술)라고 규정한다면, 목적론적 기술은 아무것도 설명하지 않는다.

2. 목적론적 판단력의 변증법(§§69~78)

목적론에 대한 논의의 최종적인 결론이 목적론적 기술은 단지 규정적인 관찰 방식으로 구성적인 인과론적·기계론적 설명을 보충하는 데에 있는 것이라면, 이러한 맥락에서 목적론적 기술이 판단력의 이율배반에 어떻게 귀결하는지에 대해 전혀 알 수 없게 될 것이다. 여기서 다루어지는 이율배반은 대체 어디에 있을까?

이러한 맥락에서 결정적인 것은 이율배반은 **규정적** 판단력에서가 아니라 단지 **반성적** 판단력의 관점에서만 생긴다고 하는 칸트의 주장이다.(§69) 반성적 판단력은 주어진 대상(특수자)에서 출발하여 개념, 원리 혹은 법칙(일반자)을 찾는다. 판단력이 그 반성 활동에 서로 모순되는 명제를 사용할 때 바로 이율배반이 생긴다. 이에 대한 정확한 기술은 다음과 같다. 하나의 변증법이 생기는데, 즉

> 〔……〕 그것은 그 반성의 원리와 관련한 판단력을 혼란시키는 것이다.
>
> 판단력의 **첫 번째 준칙**은 **정립**인데, 그것은 다음과 같다. 질료적 사물과 그 형식의 모든 산출은 단지 기계적인 법칙들에 따라 가능한 것으로 판단되지 않으면 안 된다.
>
> **두 번째 준칙**은 **반정립**인데, 질료적 자연 중에서 어떤 산물들은 단지 기계적인 법칙들에 따라 가능한 것으로 판단될 수 없다(이러한 산물들의 판단은 전혀 다른 인과성의 법칙, 즉 목적인目的因의 법칙을 필요로 한다).(§70, A 310)

따라서 문제는 두 가지 설명 모델이 갈등 상황에 있다는 것이다. 이를테면 위에서 첫 번째 것은 인과론적·기계론적 설명을 대표하는 것이고, 두 번째 것은 정반대의 다른 설명 방식과 관련이

있다. 칸트의 주장으로도 위의 두 명제에는 규제적regulative 기본 법칙이 관계한다. 두 구성적인 명제들 사이의 갈등은 다음과 같이 쉽게 정리된다.

> **정립**: 물질적 사물들의 모든 산출은 단지 기계적인 법칙에 따라 가능하다.
> **반정립**: 물질적 사물들 중에서 어떤 산출은 단지 기계적인 법칙에 따라서는 가능하지 않다.(A 310f)

이 경우에 필연적으로 두 테제 중 하나만 참일 수 있다. 물론 바로 위에서 다시 정리된 두 명제의 경우는 결코 판단의 이율배반은 아니다. 왜냐하면 이 명제들은 어떻게 대상이 반성적으로 판단될 수 있는가가 아니라 어떻게 그것들이 (이성 원칙의 척도에 따라) 규정되는가와 관련을 맺고 있기 때문이다.

앞부분에 쓰인 준칙의 경우에는 모순이 생긴다. 그 이유는 첫 번째 준칙이 인과론적·기계론적 판단의 필연성에서 출발하는 반면, 두 번째 준칙은 그렇지 않기 때문이다.[38] 첫 번째 준칙이 다음과 같이 표현되어 어떤 온건한 전칭명제 형식으로 바뀐다면

---

[38] 이러한 맥락에서 맥클로린McLaughlin의 다음과 같은 지적에 주목할 필요가 있다. 그에 따르면 이율배반은 원래 기계론과 목적론 사이의 모순을 정식화하는 것이 아니라 기계론에 대한 상이한 관점들 사이의 모순을 열어둔다. 이에 대해서는 McLaughlin, 같은 책, p. 124를 참조하라.

문제가 해결될지도 모른다. 즉 "거의 모든 물질적 사물과 그 형식의 산출이 단지 기계론적 법칙에 의거하여서만 판단되어야 한다면." 하지만 그런 경우는 없다. 오히려 판단력이 시종일관 인과론적·기계론적 결정성이라는 원리와, 동시에 인과론적·기계론적이지 않은 결정성이라는 원리로 행해져야 한다는 것이 더 문제인 듯하다.

따라서 우리는 이율배반을 인과론적·기계론적 설명은 구성적이고 목적론적 설명은 단지 규제적이라는 사실로 해결할 수는 없다. 왜냐하면 이 경우에 있어서는 이율배반은 결코 생기지도 않기 때문이다.

이와 관련 있는 원래의 모순은 칸트에 따르면 우리가 사물을 단지 인과론적·기계론적으로만 설명할 수 있으면서 동시에 그렇게 할 수도 없다는 사실에 있다.

우리가 대상을 기계론적으로 설명할 수 있다는 것에는 아주 중대한 의미가 있다. 어떤 것을 기계론적으로 설명한다는 것은 대상을 그 부분들의 상호 작용을 통해 규정한다는 뜻이다. 내가 시계의 메커니즘을 설명할 수 있다면, 비록 가정이긴 하지만 나는 시계를 만들 수도 있다. 설명할 수 있다는 것과 산출할 수 있다는 것의 결합이 기계론적 설명의 중심적인 특성이다.

그런데 우리가 이러한 방식으로 설명할 수 없는 대상들도 상당히 있는데, 그것이 바로 생명체이다. 칸트는 74~78절[§§74~78]에서 이 문제를 분석한다. 거기서 그는 '설명', '인과적 설명', '인과론적·기계론적 설명', '부분과 전체', '현실적 원인 대 이상적 원인' 등과 같은 개념들을 구분한다. 여기서 이율배반에 대해 설명하면서 상이하게 진행되는 각 부분을 자세히 다루는 것은 불가능하다. 다만 칸트가 설명 개념을 인과론적·기계론적 설명 개념과 아주 긴밀하게 결합시키고 있다는 것에 주목할 필요가 있다. 이 결합은 인간 오성의 특정한 속성과 관련되면서 정당화되고 있다.

> 우리의 오성의 속성에 따르면 〔……〕 실제 자연의 전체는 단지 각 부분들이 경쟁하면서 움직이는 능력들의 결과로 간주될 수 있다.(A 345)

유기체에 있어서 사물들은 고유한 방식으로 이러한 규정을 관통하는데, 그 이유는 유기체들은 각 부분들이 서로서로 합목적적인 관계이며 전체와 관련지어 존재하기 때문이다. 여기서 전체란 부분을 규정하는 범주로 보인다. 인간 오성은 이러한 상황, 즉 **전체에 의한 부분의 결정성**에 대해 더 이상 설명할 수 없다. 인간 오성은 단지 부분들에 대한 이상적인 원인으로서의 전체를 사유할 뿐이다. 따라서 우리는 마치 전체의 이념이 부분들의 상호 작용에 영향을 끼친다고 하면서 유기체를 기술할 뿐이다.

이러한 논의를 통해 칸트는 이율배반을 해결하는 데에 도달했다. 원칙적으로 우리는 기계론적 설명에 의존한다. 그러한 설명을 더 이상 할 수 없는 경우(유기체를 설명할 때처럼!) 우리는 마치 사물들은 구성 주체에 의해 산출되는 인공적인 메커니즘인 것처럼 가정하면서 사유한다. 하지만 우리가 그렇게 하지 않는 이유는 실제로 누군가가 유기체를 만들었다고 믿어서가 아니라, 우리는 단지 그러한 방식으로 부분들이 전체에 의해 결정된다는 것을 표상할 수 있다는 사실 때문이다. 여기서 칸트가 강조하고 있는 것은 사유 가능한 모든 오성이 위에서 기술한 제한을 따르는 것이 아니라 단지 담론적 인간 오성만이 그러한 제한을 따른다는 것이다.

이율배반에 대한 논의는 목적론적 판단이 인과론적·기계론적 설명과 양립 가능함을 분명히 보여준다. 그러한 논의는 대상을 단지 인과론적·기계론적으로 아주 정교하게 설명할 수 없게 해주는 보조 수단인 것이다. 따라서 목적론적 판단력은 유기체의 실제 목적에 대해서 아무것도 말해주지 않는다.

3. 방법론(§§79~91)

"목적론적 판단력비판"(§§62~68)에서 칸트는 목적론적 판단의 몇 가지 요소에 대해 논했다. 그런 다음 "목적론적 판단력의 변증법"(§§69~78)에서는 그러한 판단의 타당성 주장을 검토해보고 목적론적 판단과 인과론적·기계론적 설명 사이의 관계를 설명하려 했다. "목적론적 판단력의 방법론"이라는 제목을 달고 있는 이 부분은 "목적론적 판단력비판"의 결론 부분에 해당한다.[39] 책 전체에서 이 부분은 반성의 실행에 기초하여 어떻게 인식 체계가 획득될 수 있는지를 설명하려는 시도이다. 주의 깊게 읽어보면 사변적인 사고의 위험성과 동시에 그것의 불가피성이 설명되고 있다. 독자들에게 이 부분이 특히 어려운 이유는 다음과 같은 사실 때문이다. 즉 칸트는 여기서 판단력의 활동을 더 이상 자연과학의 이론 형성을 조망해줄 수 있는 영역(유기체 개념)에서 논하지 않고, 아주 일반적으로 지식을 형성하는 데에 있어서 반성적 판단력이 지니는 실행 능력과 그 관련성 측면에서 논하고 있다. 이러한 문제 제기에서 출발하여 이『판단력비판』의 마지막 부분에서는 지금까지 논의된 바 없는 일련의 주제들이 언급되고 있다. 이를테면 칸트는 실천철학, 신학, 역사철학의 문제를 제기하고 주목할 만한 문화 개념을 정식화하며, 분과 학문으로서 철학이 전체 인식 체계에서 어디에 위치하는지에 대해 말하고 있다.

먼저 "방법론"은 자연과학에서 목적론적 기술의 의미를 논하는 것으로 시작한다. 여기에는 생명체의 생성과 생식(개체 선先형성론과 후後형성론)과 같은 다양한 이론들이 개별적으로 다루어지고 있다. 이때 칸트의 주요 관심사는 인과론적·기계론적 설명에

---

39) 제2판과 3판에서 칸트는 이 부분을 "부록"으로 처리한 바 있다. 그렇게 함으로써 칸트가 방법론은 이전의 내용들보다 덜 중요하다는 것을 말하고자 한 것인지, 아니면 분석론 및 변증법과 방법론 사이에 놓여 있는 간극을 강조하려고 한 것인지는 불분명하다.

비해 허약한 목적론적 명제들의 설명력을 찾아보는 것이다.

칸트의 입장은 분명하다. 즉 우리가 모든 자연과학적 질문들에 대해 인과론적·기계론적 설명을 통해 직접 대답할 수 없다면, 우리가 설명하려는 가정들과 관련지어 "[……] 가급적이면 초자연적인 것[*칸트의 의미로 형이상학적인 사변]을 최소한으로 소모하는 데에"(A 373) 만족해야만 한다. 학자는 자신의 사유가 다소 거친 사변의 영역으로 빠지는 것을 경계해야 한다는 것이다.

칸트는 자연과학적 인식을 『순수이성비판』에서 논의한 사변적 인식에 대한 형이상학적 비판이라는 의미로 제한하고 있다. 물론 인식 개념을 전부 과학적 인식의 개념으로 환원시키는 것은 그의 관심사가 결코 아니다. 그는 우리에게 중요한 모든 문제를 과학적 인식 분야에서 정식화할 수 없을뿐더러 그에 대해 대답할 수도 없음을 알고 있다. 바로 이러한 점에서 과학의 인식이론과, 생물학에서 유기체에 대한 목적론적 논의와 같은 특수한 분야에 대한 고찰이 이루어진다. 칸트는 우리가 특정한 대상에 대한 우리의 개별 인식을 전체 자연에 관한 지식에 결합시킬 수 있는지에 대해 질문한다. **체계로서의 자연**에 관한 그러한 지식은 예컨대 우리가 자연목적을 위계화했을 때 그 꼭대기에 위치해 있는 것을 창조의 "최종 목적" 혹은 "궁극목적"이라고 부르면서 그럴듯한 근거에서 자연 질서를 산출해낼 수 있을 때에나 생각할 수 있을지도 모른다.

자연철학은 이를테면 자연 무생물에서 시작하여 식물계를 거쳐 동물계로 올라가면서 다양한 형식으로 분류화를 시도한다. 그러나 칸트는 이러한 전통에 반대하면서 자신의 생각을 다음과 같이 제한한다. 즉 그는 일찍부터 자신의 생각은 사물에 대한 사실적인 주장이 아니라 판단력의 반성이라고 보았다. 그렇게 하면서 칸트는 자연에 대한 우리의 생각과 그 속에서의 인간의 위치에 의미를 부여한다.

만일 우리가 자연의 최종 목적 내지 궁극목적을 일컬을 수만 있다면, 자연물의 다양한 관계들을 아래에서 위로 정확하게 위계화하고 그것을 통해 개별 대상들 간의 관계를 도출시킬 수 있을지도 모른다. 82절[§82]에서 칸트는 그러한 목적의 위계가 어떤 모습을 띨 것인지 기술하고 있다. 초목을 바라보고 있으면

〔……〕'이 피조물들은 무엇을 위해 존재하는가?' 하는 질문을 제기하게 된다. 우리가 이 물음에 대해 '그것은 식물을 먹고사는 동물계를 위해서이다'〔……〕라고 대답한다면, 다시 '그렇다면 초식동물은 무엇을 위해 존재하는가?' 하는 물음이 제기된다. 그에 대한 대답은 아마 다음과 같을 것이다. 즉 '생명을 가진 것만을 먹어야 살 수 있는 육식동물을 위해서이다'. 이제 결국 문제는 '앞에 언급한 자연물[*식물과 초식동물]과 육식동물은 무엇에 유용한가?' 하는 것이 된다. 그것은 인간을 위해서이고 인간의 다양한 용도를 위해서이다. 인간의 오성은 이러한 모든 생물들을 다양하게 사용하는

법을 인간 자신에게 가르쳐준다. 또한 인간은 이 지구상에서 창조의 최종 목적이다. 왜냐하면 인간은 목적을 이해할 수 있고, 합목적적으로 형성된 사물들의 집합을 자기의 이성에 의하여 목적의 체계로 만들 수 있는 지구상의 유일한 존재이기 때문이다.(A 377f)

따라서 반성적 판단력은 인간을 자연의 최종 목적이라고 부를 수 있는 것이다. 그러나 인간을 자연의 최종 목적으로 간주한다고 해서 마치 자연물 전체가 단지 인간의 욕구 만족을 위한 수단이라는 의미로 이 말을 이해해서는 안 된다. 그러한 인간의 욕구 만족은 언제나 보장될 수 있는 것이 없다.[40] 칸트에 따르면 이성적인 존재로서의 인간이 더 이상 다른 동물과 동일한 의미의 자연물이 아니라는 이유만으로도 인간은 자연의 최종 목적이다. 게다가 인간은 스스로 목적을 설정할 수 있기 때문에 어떤 의미에서는 자연을 넘어선다. 칸트에게 결정적인 점은 바로 우리 인간이 "[……] 자연을 그 자유로운 목적이라는 준칙에 적합하게 수단으로써 활용할 수 있다 [……]"(A 386f)는 것이다.

따라서 칸트가 인간을 피조물 가운데 최고로 여긴 것은 인간의 자만 때문이 아니라, 인간이 다른 생물과 달리 자신의 삶을

---

40) 여기서 칸트는 "페스트, 기아, 수해 그리고 크고 작은 동물들로부터의 습격" 등으로 인해 인간이 위협을 받는다는 점을 지적할 뿐만 아니라, 이를 넘어 "인간 스스로 자초한 역병"("정치적 지배, 전쟁의 야만 등")도 거론하고 있다. 특히 후자로 인해 인간은 "자기 멸종"으로 치닫는다.(A 385)

영위하는 데에 더 큰 활동 공간을 가지며 이성적인 존재로서 자신의 행동을 의식적으로 통제할 수 있는 능력을 소유하고 있다는 사실을 관찰한 결과를 근거로 한 것이다. 물론 인간이 실제로는 아직 자신의 능력 뒤에 머물러 있으며 현재의 사회 정치적 실제들을 단지 이성의 현실태로서 간주할 수만은 없음을 칸트는 분명히 알고 있었다.

인간은 목적을 설정할 수 있으며 자신의 계획을 실현하는 수단으로 자연물을 이용할 줄 안다. 인간이 이런 능력을 지니고 있는 것이 자신의 노력에서 비롯된 것은 아니다. 인간이 자기 삶의 관계를 스스로 형성할 수 있는 것은 인간에게 고유한 본성이다.

> 임의의 목적 일반에 대한 이성적 존재자의 (따라서 그의 자유에 있어서) 유능함을 산출하는 것이 곧 **문화**이다. 그러므로 문화만이 인간 종의 관점에서 자연을 종속시킬 근거가 되는 최종 목적der letzte Zweck일지도 모른다. 〔……〕(A 387)

칸트는 흔히 그렇듯이 **자연**과 **문화**를 서로 대립되는 개념으로 도입하지 않는다. 그는 문화 개념을 인간에게 있는 특수한 자연적 소질을 일컫기 위해 사용하고 있다. 즉 물고기가 물에서 노니는 것은 자연스러우며, 인간이 문화의 일원으로서 자신의 삶을 영위하는 것은 자연스러운 것이다.

칸트는 여기서 함께 다루어지고 있는 자연과 문화 사이의 관계를 자신의 역사철학에서 더욱 심도 있게 다루고 있다. 거기서 역사 발전 자체는 어떤 자연의 계획을 따른다는 생각이 들어 있다.[41]

인간을 자연의 최종 목적이라고 규정하는 것으로는 판단력의 반성이 애초에 의도했던 종착점에 도달하지 못한다는 점은 분명하다. 칸트는 도대체 세계 존재자의 궁극목적이 무엇인지 질문한다. **궁극목적**이란 그 가능성의 조건 이외에 어떤 것도 전제하지 않는 목적을 말한다.(A 391) 따라서 이제 더 이상 개별 대상의 목적 내지 합목적성에 대해 어떠한 질문도 제기하지 않고 단지 세계의 무조건적이고 절대적인 목적만을 찾는다. 그렇다면 반성적 판단력은 세계 존재자의 절대적, 무조건적 목적을 사유할 수 있는가?

찾고자 하는 목적을 구현하는 존재는 바로 도덕적 존재로서의 인간이다. 물론 이 경우에 칸트는 목적을 세우고 자연물들을 수단으로 활용하는 인간의 능력에서 답을 찾지 않는다. 여기서 중요한 것은 바로 인간의 **도덕 능력**이다. 칸트는 인간이 도덕법칙을 무조건적으로 타당한 것으로 인정한다는 점을 강조한다.

---

41) 칸트의 역사철학적 논의는 다음과 같은 논문에서 본격적으로 다루어지고 있다. 「세계시민적 관점에서 본 보편사의 이념Idee zu einer allgemeinen Geschichte in weltbürgerlicher Absicht」(1784), 「질문에 대한 대답: 계몽이란 무엇인가?Beantwortung der Frage: Was ist Aufklärung?」(1784), 「인류 역사의 시작에 대한 추측Mutmaßlicher Anfang der Menschengeschichte」(1786), 「영구평화론—하나의 철학적 구상Zum Ewigen frieden. Ein philosophischer Eentwurf」(1795).

그런데 도덕적 존재로서의 인간(동시에 이 세계의 모든 이성적 존재)에 관해서는 '무엇을 위하여quem in finem 그는 현존하는가?'라고 더 이상 물을 수 없다. 인간의 현존재는 최고의 목적 그 자체를 자신 속에 가지고 있다. 〔……〕 세계의 사물들이 그 현존으로 볼 때 의존적 존재이어서 목적에 따라 활동하는 어떤 최고의 원인을 필요로 한다면, 인간이야말로 창조의 궁극목적이다. 〔……〕 인간에게 있어서만, 그리고 도덕성의 주체로서의 인간에게 있어서만 목적에 관한 무조건적 입법은 성립하며, 따라서 이 무조건적 입법만이 인간으로 하여금 전체 자연이 목적론적으로 종속하는 하나의 궁극목적일 수 있게 한다.(A 394f)

칸트가 도덕적 존재로서의 인간을 창조의 궁극목적이라고 특징짓고 있다고 해서 경험적인 실험이 가능하다고 말하는 것은 분명히 아니다. 여기서 핵심은 자연과 그 속에서의 인간의 위치에 대한 특정한 이념을 고안해내는 반성이다. 이념에 대한 동의는 그 자체로 논란의 여지가 없으며 단계적으로 논박해가는 증명에서처럼 "강제적인" 논쟁과도 상관이 없다. 그러나 이를 통찰하는 것과, 이상주의적인 관점을 부차적이고 쓸모없는 것이라고 간주하는 것은 전혀 다르다. 왜냐하면 세계는 궁극목적이 존재할 때만이 목적의 체계로서 파악될 수 있기 때문이다. 실천철학의 관점에서 반성적 판단력은 (도덕적 존재로서) 인간을 궁극목적으로 간주할 수 있다.[42]

인간이 최종 목적으로서 어떤 더 이상의 목적을 사용하지 않고 그의 현존이 어떤 특정한 목적을 전제하지 않는다면, 반성적 판단력은 계속 나아가서 이러한 (도덕적 존재로서의 인간의) 궁극목적의 원인에 대해 질문할 수 있다. 궁극목적이 존재한다는 사실에 대한 근거는 무엇인가? 세계에 도덕적 존재들이 현존한다는 것에 대한 원인은 무엇인가? 이성이 신의 이념을 산출하는 것은 이러한 물음에서 기인한다.

신에 대한 철학적 질문의 오해들을 피하기 위해, 칸트가 말하고 있는 신의 이념이 어떠한 종교적 계시 신앙을 내포하고 있지 않음을 분명히 할 필요가 있다. 철학적 신 개념은 이성적 사유를 통해 발견되는 최고의 존재자에 대한 표상이며, 그 최고의 존재자는 언제나 자연과 자유의 영역에 법칙적으로 구속되어 있다.[43] 이성의 이념으로서의 신은 어떠한 이론적 연구의 대상이

---

42) 다음의 인용문은 '궁극목적'의 지위를 분명히 해준다.
"[……] 궁극목적은 단지 우리의 실천이성의 개념이요, 자연을 이론적으로 판단하기 위한 경험의 소여에서 추론될 수도 없고, 또 자연의 인식에 적용될 수도 없다. 이 개념은 오로지 도덕적 법칙을 따르는 실천이성에서만 사용될 수 있다."(A 427)

43) 칸트는 신 개념을 오로지 이론철학의 범위 내에서의 자연 개념에 기초하여 정식화하려는 시도에 반대하면서 이에 대해 자세히 논박하고 있다. 그러면서 그는 동시대에 널리 퍼져 있었던 물리신학物理神學Physikotheologie, 즉 자연물의 합목적적인 속성으로부터 신의 존재를 논증하려는 시도에도 반대한다. 칸트는 이러한 시도가 불합리한 것임을 분명히 한다. 물리신학은 "일종의 오해된 물리적 신학"(A 405)이다.

아니며 우리가 그 존재에 대해 두루미, 핵 발전소 혹은 올리브 나무의 존재를 말할 때와 같이 말할 수 있는, 그러한 경험의 대상도 아니다. 신의 이념이 중요한 이유는 그것이 아니면 설명될 수도 없는 자연과 자유의 합일을 이해할 수 있게 해주기 때문이다. 이론철학의 차원에서 인간은 단순한 자연 존재로서 파악된다. 여기서 행위의 자유는 그러한 행동에 대한 윤리적 판단과 마찬가지로 언급될 수는 없다.

실천철학의 차원에서 인간은 도덕적 존재로서 간주된다. 하지만 자연존재로서 인간 개념을 통해 인간의 도덕적 개념을 중개하는 것은 있을 수 없다〔이 점에서 영국의 무어G.E. Moore의 유명한 '자연주의 오류naturalistic fallacy' 개념을 미리 본다〕. 이 두 차원이 서로 양립할 수 있는 것으로 보이도록 하는, 그러한 상위의 관점을 열어주는 것은 바로 판단력의 실행이다. 그러한 반성적 기능에 있어서 판단력은 철학이 이론이성과 실천이성으로 쪼개지는 것을 막아준다. 이렇게 판단력이 체계적으로 결정적인 중개 기능을 할 수 있도록 해주는 것이 바로 자연의 최종 목적 내지 궁극목적이며 인간에 대한 이상주의적 개념이다. 자연계와 자유의 왕국의 최상위 원인으로서 신의 이념은 칸트 비판철학의 사변적인 종착점이다.

| 참고 문헌 |

1. 『판단력비판』의 원전

—Kant, I., *Gesammelte Schriften*, Herausgegeben von der Königlich Preußischen Akademie der Wissenschaften, Band 5(Herausgeber: W. Windelband), Berlin, 1908(Nachdruck Berlin, 1969 u.ö).
—Kant, I., *Kritik der Urteilskraft*, In: Werke in zwölf Bänden (Herausgeber: W. Weischedel), Band 10, Frankfurt/M. (Suhrkamp), 1968 u.ö.
—Kant, I., *Kritik der Urteilskraft*, In: Werke in zehn Bänden (Herausgeber: W. Weischedel), Band 8, Darmstadt(Wissenschaftliche Buchgesellschaft), 1983.
—Kant, I., *Kritik der Urteilskraft*(Herausgeber: G. Lehmann),

Stuttgart(Reclam), 1963 u.ö.

—Kant, I., *Kritik der Urteilskraft*(Herausgeber: K. Vorländer, Bibliographie: H. Klemme), Hamburg(Meiner), 1990.

2. 개관서, 논문 및 이차 연구서

칸트 철학에 대한 연구서는 광범위하다. 칸트의『판단력비판』을 다루고 있는 연구물에 대해 일목요연하게 정리한 것으로는 1990년 마이너Felix Meiner 출판사에서 간행한 문헌 색인을 참조하는 것이 좋다. 그래서 여기서는 마이너 색인판에 아직 실리지 않았던 책들을 중심으로 중요한 것들만 실어두었다.

Aquila, R. E., "Predication and the Unity of the *Critique of Judgement*", In: *Funke*(1991), Bd. II.2., pp. 81~92.

Arendt, H., *Das Urteilen-Texte zu Kants Politischer Philosophie*, München, 1985.

Axim, S., "On Beauty as the Symbol of Morality", In: *Funke*(1991), Bd. II. 1., pp. 615~621.

Baeumler, A., *Das Irrationalitätsproblem in der Ästhetik und Logik des 18. Jahrhunderts bis zur Kritik der Urteilskraft*, Darmstadt, 1981.

Bartuschat, W., *Zum systematischen Ort von Kants Kritik der Urteilskraft*, Frankfurt/M., 1972.

Baumgarten, A. G., *Theoretische Ästhetik*, Hamburg, 1983.

Biemel, W., *Die Bedeutung von Kants Begründung der Ästhetik für die Philosophie der Kunst*, Köln, 1959.

Busche, H., "Kants Deduktion des Zweckmäßigkeitsprinzips aus der reflektierenden Urteilskraft", In: *Funke*(1991), Bd. II. 2., pp. 3~12.

Butts, R. E., "Teleology and Scientific Method in Kant's Critique of Judgement", In: *Noûs* 24(1990), pp. 1~16.

Cassirer, E., *Kants Leben und Lehre*, Berlin, 1918.

Caygill, H., *Art of Judgement. From Morality to Art*, Oxford, 1989.

Cohen, T.; Guyer, P. (Hgs.), *Essays in Kant's Aesthetics*, Chicago, 1982.

Crowther, P., *The Kantian Sublime*, Oxford, 1989.

Dorflinger, B., *Die Realität des Schönen in Kants Theorie rein ästhetischer Urteilskraft*, Bonn, 1988.

Dostal, R. J., "The Sublime and the Project of a Critique of Judgement", In: *Funke*(1991), Bd. II. 2., pp. 93~104.

Dotti, J. E., "Urteilskraft und epistemologische Freiheit", In: *Funke*(1991), Bd. II. 2., pp. 105~116.

Drescher, W., "Die ethische Bedeutung des Schönen bei Kant", In: *Zeitschrift für philosophische Forschung* 29(1975), pp. 445~450.

Eisler, R., *Kant-Lexikon*, Hildesheim, 1979.

Fischer, J., "Universalizability and Judgement of Taste", In: *American Philosophical Quarterly* 11(1974), pp. 219~225.

Franke, U., *Kunst als Erkenntnis. Die Rolle der Sinnlichkeit in der Ästhetik des A.G. Baumgarten*, Wiesbaden, 1972.

Fricke, C., *Kants Theorie des reinen Geschmacksurteils*, Berlin/New York, 1990.

Fricke, C., "Kants Theorie der schönen Form" In: *Funke*(1991), Bd. II. 1. pp. 623~632.

Funke, G.(Hg.), *Akten des Siebenten Internationalen Kant Kongresses 1990*, 2 Bde., Bonn/Berlin, 1991.

Gadamer, H. G., *Wahrheit und Methode*, Tübingen, 1975.

Gadamer, H. G., *Die Aktualität des Schönen*, Stuttgart, 1977.

Gulyga, A., *Kant*, Frankfurt/M., 1981.

Hausmann, O., "Unterscheidung und Zusammenhang von äußerer und innerer Zweckmäßigkeit bei Kant", In: *Pleines*(1991), pp. 78~112.

Heidemann, I., *Der Begriff des Spiels und das ästhetische Weltbild in der Philosophie der Gegenwart*, Berlin, 1968.

Heintel, P., *Die Bedeutung der Kritik der ästhetischen Urteilskraft für die transzendentale Systematik*, Bonn, 1970.

Henckmann, W., "Das Problem der ästhetischen Wahrnehmung in Kants Ästhetik", In: *Philosophisches Jahrbuch* 78(1971), pp. 323~359.

Höffe, O., *Immanuel Kant*, München, 1988.〔『임마누엘 칸트』, 이상헌 옮김, 문예출판사, 1997〕

Hoffmann, T. S., "Bewusstheit und Gestalt. Die Disjunktion der

Schönheit bei Kant", In: *Funke*(1991), Bd. II. 1., pp. 633~641.

Ibañez-Noé, J., "Urteilskraft und Darstellung", In: *Funke*(1991), Bd. II. 2., pp. 117~127.

Jacobs, L. R., "Harmony and Free Play of Imagination and Understanding in Kant's Aesthetics", In: *Funke*(1991) Bd. II. 1., pp. 643~652.

Juchem, H. G., *Die Entwicklung des Begriffs des Schönen bei Kant*, Bonn, 1970.

Kaehler, K. E., "Zweckmäßigkeit ohne Zweck. Die systematischen Voraussetzungen und Rahmenbedingungen des dritten Moments des Geschmacksurteils in Kants 'Kritik der Urteilskraft'", In: *Pleines*(1991), pp. 63~77.

Kaulbach, F., *Immanuel Kant*, Berlin, 1982.

Kaulbach, F., *Ästhetische Welterkenntnis bei Kant*, Würzburg, 1984.

Kemal, S., "Kant, Aesthetics and Community", In: *Funke*(1991), Bd. II. 1., pp. 653~663.

Kneller, J., "Imagination and the Possibility of Moral Reform in the 'Critique of Aesthetic Judgement'", In: *Funke*(1991), Bd. II.1., pp. 665~675.

Kohler, G., *Geschmacksurteil und ästhetische Erfahrung*, Berlin/New York, 1980.

Kuhlenkampff, J.(Hg.), *Materialien zu 'Kants Kritik der Urteilskraft'*, Frankfurt/M., 1974.

Kuhlenkampff, J., *Kants Logik der ästhetischen Urteils*, Frankfurt/M., 1978.

Kuhlenkampff, J., "Über Kants Bestimmung des Gehalts der Kunst", In: *Zeitschrift für philosophische Forschung* 33(1979), pp. 62~74.

Kuhlenkampff, J., "The Objectivity of Taste: Hume and Kant", In: *Noûs* 24(1990), pp. 93~110.

Kuypers, K., *Kants Kunsttheorie und die Einheit der Kritik der Urteilskraft*, Amsterdam/London, 1972.

Löbl, R., "Zum philosophie-historischen Hintergrund von Kants Zweckbegriff", In: *Pleines*(1991), pp. 43~62.

Löw, R., *Philosophie des Lebendigen*, Frankfurt/M., 1980.

Lüthe, R., "Kants Lehre von den ästhetischen Ideen", In: *Kant-Studien* 75(1984), pp. 65~74.

Lyotard, J. F., *Leçons sur l'Analtique du Sublime*, Paris, 1991.

Majetschak, S., "Kants 'Analytik des Erhabenen' und das System der Erfahrung", In: *Funke*(1991), Bd. II.1., pp. 677~689.

Makkreel, R. A., *Imagination and Interpretation in Kant*, Chicago/London, 1990.

Marquard, O., "Kant und die Wende zur Ästhetik", In: *Zeitschrift für philosophische Forschung* 16(1962), pp. 231~243 und 363~374.

McCloskey, M. A., *Kant's Aesthetics*, London, 1987.

McLaughlin, P., *Kants Kritik der teleologischen Urteilskraft*, Bonn, 1989.

McLaughlin, P., "Newtonian Biology and Kant's Mechanistic Concept of Causality", In: *Funke*(1991), Bd. II. 2., pp. 57~66.

Meerbote, R., "Kant's View on the Mathematical Sublime", In: *Funke* (1991), Bd. II. 1., pp. 691~703.

Mertens, H., *Kommentar zur ersten Einleitung in die Kritik der Urteilskraft. Zur systematischen Funktion der Kritik der Urteilskraft für das System der Vernunftkritik*, München, 1975.

Model, A., *Metaphysik und reflektierende Urteilskraft. Untersuchungen zur Transformierung des leibnizschen Monadenbegriffs in der 'Kritik der Urteilskraft'*, Frankfurt/M., 1987.

Peter, J., *Das transzendentale Prinzip der Urteilskraft: Eine Untersuchung zur Funktion und Struktur der reflektierenden Urteilskraft bei Kant*, Berlin/New York, 1992.

Pleines, J. E., *Zum teleologischen Argument in der Philosophie: Aristoteles, Kant, Hegel*, Würzburg, 1991.

Pries, C., "Vom Erhabenen in ästhetischer und moralischer Absicht", In: *Funke*(1991), Bd. II. 1., pp. 705~713.

Raymaekers, B., "The Unity of the Critique of Judgement", In: *Funke* (1991), Bd. II. 2., pp. 155~163.

Riedel, M., "Zum Verhältnis von Geschmacksurteil und Interpretation in Kants Philosophie des Schönen", In: *Funke*(1991), Bd. II.1., pp. 715~733.

Rogerson, K. F., "Art and Nature in Kant's Aesthetics", In: *Funke*

(1991), Bd. II. 1., pp. 735~744.

Rohs, P., "Die Vermittlung von Natur und Freiheit in Kants Kritik der Urteilskraft", In: *Funke*(1991), Bd. II. 1., pp. 213~234.

Roviello, A. M., "Raison et imagination dans le jugement pratique et dans le jugement esthétique réfléchissant", In: *Funke*(1991), Bd. II. 1., pp. 745~756.

Sassen, B., "Artistic Genius and the Question of Creativity", In: *Funke* (1991), Bd. II. 1., pp. 757~766.

Savile, A., "On the Idealism of Aesthetic Purposiveness", In: *Funke* (1991), Bd. II. 1., pp. 767~780.

Schaper, E., *Studies in Kant's Aesthetics*, Edingburgh, 1979.

Schaper, E., "Zur Problematik des ästhetischen Urteils", In: *Funke* (1991), Bd. II. 1., pp. 15~29.

Scheer, B., *Zur Begründung von Kants Ästhetik und ihrem Korrektiv in der ästhetischen Idee*, Frankfurt/M., 1971.

Schmidt, H. M., *Sinnlichkeit und Verstand-Zur philosophischen und poetologischen Begründung von Erfahrung und Urteil in der deutschen Aufklärung*, München, 1982.

Schultz, U., *Immanuel Kant in Selbstzeugnissen und Bilddokumenten*, Hamburg, 1977.

Scruton, R., *Kant*, Oxford, 1982.

Simon, J., "Teleologisches Reflektieren und kausales Bestimmen", In:

Zeitschrift für philosophische Forschung 30(1976), pp. 369~388.

Trebels, A. H., *Einbildungskraft und Spiel. Untersuchungen zur Kantischen Ästhetik*, Bonn, 1967.

Veríssimo Serrâo, A., "L'élargissement de la pensée", In: *Funke*(1991), Bd. II. 2., pp. 193~198.

Vetö, M., "La connaissance du singulier dans le jugement de goût", In: *Funke*(1991), Bd. II.1., pp. 781~795.

Vossenkuhl, W., "Schönheit als Symbol der Sittlichkeit. Über die gemeinsame Wurzel von Ethik und Ästhetik bei Kant", In: *Philosophisches Jahrbuch* 99(1992), pp. 91~104.

Yoshizawa, D., "The Universal Validity of Judgement of Taste", In: *Funke* (1991), Bd. II. 1., pp. 797~808.

3. 더 읽을 만한 책—옮긴이

칸트의 미학이론에 대해 국내에서 출간된 단행본은 그다지 많지 않다. 논문은 많은 데 비해 일반인이 접근할 수 있는 책은 거의 전무하다고 보아야 옳다. 몇 권 되지는 않지만 칸트의 미학이론에 관한 국내 연구물은 다음과 같다.

공병혜, 『칸트·판단력 비판』, 울산대학교 출판부, 1999.

김광명, 『칸트 판단력비판 연구』, 이론과 실천, 1992.
김용민, 『KANT 판단력 비판의 연구』, 교우사, 1997.
한국칸트학회(편), 『칸트와 미학』, 민음사, 1997.

칸트가 쓴 미학이론에 관한 대표적인 논문과 저서는 다음과 같다.

"미와 숭고의 감정에 대한 고찰Beobachtungen uber das Gefuhl des Schonen und des Erhabenen"(1764), in: *Werkausgabe*, Bd. 1, Frankfurt/M., 1977.

『판단력비판Kritik der Urteilskraft』, hrsg. von Jens Timmermann/von Heiner Klemme, Mit einer Bibliographie, Hamburg: Felix Meiner, 1998.

한편 칸트의 『판단력비판』에 대한 표준 영어판으로 J. H. Bernard(London, 1914)와 J. C. Meredith(Oxford, 1952)가 있으며, "미적 판단력비판" 부분만을 번역한 책으로 W. Cerf(Library of Liberal Arts: Indianapolis, 1963)가 있다.

영어로 쓰인 칸트 미학이론에 대한 이차 문헌으로 다음의 책들을 권한다.

- H. W. Cassirer, 『칸트 판단력비판에 대한 해설 A Commentary on Kant's Critic of Judgement』, London, 1938.
- D. W. Crawford, 『칸트의 미학이론 Kant's Aesthetic Theory』, Madison, Wisconsin, 1974.(『칸트 미학 이론』, 김문환 옮김, 서광사, 1995)
- S. Kemel, 『칸트의 미학이론 Kant's Aesthetic Theory』, London: Macmillan, 1997.
- S. Korner, 『칸트 Kant』, Harmondsworth, 1955.(특히 제8장)
- M. Warnock, 『상상력 Imagination』, London/Boston, 1976.(특히 제2부)

본문 가운데 『판단력비판』 원전을 인용하는 부분에서는 칸트의 원문 내용과 대조하기 위해 아래의 원전 번역서를 참조로 하였다. 『판단력비판』, 이석윤 옮김, 박영사, 1974(1989).

| 옮기고 나서 |

 오늘날 미학에 대한 점증하는 관심은 급진적으로 변모하고 있는 사회상을 반영한다. 이러한 사회상을 포스트모던적인 '미학적 급진화'라고 진단하는 것은 논란의 여지가 있지만, 삶과 사회적 현실이 심대한 다원성으로 특징지어지는 현상은 무시할 수 없다. 독일의 철학자 벨쉬Wolfgang Welsch는 이를 "일상적 삶의 심미화審美化Ästhetisierung des Alltagslebens"라고 개념화했다. 우리의 생활 주변을 뒤덮고 있는 기호들은 전통적인 의미론의 총아였던 문자를 밀어내고 그 자리를 그림과 무늬들로 채워버렸다. 이에 그러한 은유들을 해독해내는 일은 미학적 차원의 인식능력에 의지하게 되었고 '미학적으로 교육받은 인간'이 점차 필요한 시대가 되었다. 이러한 변화하는 시대상 및 인간상을 세대로 이해하기 위해서는 고유한 미적 체험의 세계는 무엇이고 미와 예

술을 이해하는 인간의 인식능력은 어떤 것인지 살펴볼 필요가 있다. 이러한 총체적인 물음은 오늘날 미학이라는 독자적인 학문 분야의 탐구 주제이지만, 이를 본격적으로 철학적 연구 주제로 정립해놓은 인물이 바로 독일의 철학자 칸트Immanuel Kant(1724~1804)이다.

물론 미학이론에 이정표를 세운 사람은 칸트였지만, 미학이라는 포괄적인 용어는 칸트보다 앞선 시대의 사람이었던 바움가르텐A. G. Baumgarten(1714~1762)의 논문인 『시詩에 관한 몇 가지 철학적 성찰Meditationis philosophicae denonnullis ad poema pertinentibus』에 처음으로 등장한다. 그리고 1750년 바움가르텐은 『미학Aesthetica』에서 인간의 고유한 미적 체험을 "감각적 인식sinnliche Erkenntnis"이라고 부르며 이를 철학적으로 탐구하려고 시도한다. 칸트의 『판단력비판』(1790)은 바로 이러한 지적인 전통에서 나온 기념비적인 작품이다. 칸트의 이 책은 오늘날 복잡하고 다양한 미학이론의 흐름에 일종의 고전적 표준을 제공해준다. 따라서 칸트의 생각을 제대로 이해하는 것이 미적인 현상 일반을 이해하는 데에 초석이 된다고 할 수 있다.

내가 칸트의 『판단력비판』을 읽게 된 계기는 독일 괴팅엔 대학교 교육학과에서 1995, 96 겨울 학기에 들은 몰렌하우어Klaus Mollenhauer 교수의 "미학 교육론" 강좌에서였다. 1998년 세상을 떠난 그는 당시 독일의 미학 교육 분야의 권위자였다. 하지만 그는 1970, 80년대 프랑크푸르트학파의 비판 이론에 영향을 받은 이른바 '해방적 교육학Emazipatorische Pädagogik' 계열의 중심인물이었다. 그러다가 자신의 이론적 입장에 내재된 지나친 "주지주의적 경도傾度"를 스스로 비판하면서 인간 교육에서 그동안 등한시해왔던 "잊혀진 맥락vergessene Zusammenhänge"을 미학과 현상학에서 찾았다. 그러나 미학이론에서 그의 입장은 칸트의 "선험 미학"에 비판적이며 바움가르텐 이전의 아리스토텔레스적 전통인 아이스테시스aisthesis에 가깝다. 고대적 의미에서 아이스테시스는, 오늘날 칸트적 의미인 쾌적감, 형식미, 대상의 내적 얼개 등과는 아무런 관계가 없는, 기껏해야 '감각적 지각'을 뜻했다. 한편 19세기 이후 인문학 분야에서는, 바움가르텐과 칸트 전통의 미학을 "감각의 인문화Humanisierung des Sinne"(카시러 Cassirer)라고 비판하고 고대적 의미의 지각 이론으로부터 아이스테시스를 복원하려는 움직임이 있었다. 이러한 흐름에서 몰렌하우어도 아동 및 성장기 세대들의 미적 체험에서 고유한 신체 관련적 측면을 보존하려는 입장에 서게 된 것이다. 간략히 서술한 나 개인의 미학 교육론에 대한 연구 경험은, 곧 오늘날 미학이론 분야에서 대립하는 커다란 흐름 중의 하나라고도 볼 수 있다.

칸트의 『판단력비판』을 쉽게 안내하는 책을 찾게 된 직접적인 동기는 서울대학교 교육학과 대학원 석·박사과정 학생들과 칸트의 『판단력비판』을 강독하자는 다소 '무모한 시도' 때문이었다. 각 단락을 읽기 전에 안내하는 책으로 고른 것이 바로 타이헤르트Dieter Teichert의 이 책이었다. 사실 칸트의 저서를 얼마나, 그리고 어느 정도 '알기 쉽게' 풀어쓸 수 있는 것인지, 나 스스로도 아직 의문이다. 주지하듯이 『판단력비판』은 칸트의 유명한 세 비판서 중에서 가장 나중에 나온 책이다. 따라서 이 책에는 이전의 다른 두 비판서의 이론이나 개념들이 아무런 설명 없이 그대로 사용되고 있으며 심지어 다소 변화된 의미로 사용되기도 한다. 이러한 점에서 보았을 때, 『판단력비판』을 '쉽게 이해시키기'는 어쩌면 애초부터 불가능한 일로 보일 수도 있다. 그럼에도 불구하고 타이헤르트는 학생들을 가르치면서 필요성을 느끼고 이 책을 썼기 때문에, 그나마 쉬운 예를 들어 설명을 하려고 애썼으며 가급적이면 칸트의 미학이론 내에서 핵심적인 생각과 개념이 무엇인지에 초점을 맞추었다. 그래서 '개론서'에 적합하지 않은 불필요한 이론적 쟁점들을 그때마다 절제하면서 '수위를 조절'한 것으로 보인다. 그래도 내게 불만족스런 점이 없지는 않다. 흔히 칸트의 미학이론에 접근하기 위해 "미적 판단력비판"(60절까지)만 읽는 것이 보통이긴 하지만, 다소 어려우면서도 칸트 철학의 드넓은 차원을 보여준다는 "목적론적 판단력비판"에 대해서 이 책이 할애하고 있는 분량은 인색하다. 하지만 그 개요는 분명히 잘 정리되고 있음을 인정해야 한다.

끝으로 번역에 있어서 잊을 수 없는 사람들에게 감사의 말을 전하고 싶다. 이미 말했듯이 칸트의 책을 강독하겠다고 모였던, 여동훈, 김남희, 신춘호, 서덕희, 이경화, 구리나 선생에게 고마움을 전한다. 오늘날처럼 '가벼운' 세태에, 독일 고전에 숨어 있는 무언가를 찾으려는 그들의 정신이 아름답다. 나는 토론하고 논쟁하면서 그들로부터 많은 것을 배웠다. 그리고 이 번역서를 나오게 힘써준 이학사 사장님과 꼼꼼히 원고를 교정해준 편집부 여러분께 깊은 감사를 드린다.

2003년 가을
옮긴이 조상식

지은이 | 디터 타이헤르트

튀빙엔, 파리, 콘스탄츠 대학교에서 철학, 문예학, 언어학을 공부하고 1990년 철학적 해석학에서 진리 개념에 관한 박사 학위 논문(『경험, 기억, 인식―가다머의 진리 개념에 관한 연구』, 1991)을 썼으며 1999년 아이덴티티에 관한 교수자격시험 논문(『인성과 정체성』)을 발표했다. 현재 본Bonn 대학교에서 철학을 가르치고 있다. 각종 학회지에 많은 논문을 발표했으며 저서로 『문학 속의 철학』(공저, 1996)이 있다.

옮긴이 | 조상식

서울대학교 교육학과를 졸업하고 동대학원을 수료했다. 독일 괴팅엔 대학교에서 석사와 박사 학위를 취득하였다. 저서로 『이성 1―우리 시대의 이성 비판』, 『윌리엄 제임스―교육론』, 『현상학과 교육학』 등과 같은 교육철학 및 철학 방면의 저서와, 『루소, 학교에 가다』, 『푸코, 감옥에 가다』와 같은 청소년을 위한 철학 소설을 집필하였다. 현재 동국대학교 사범대학 교육학과 교수로 재직 중이다. 이메일 주소는 educandus@dongguk.edu